Lutz Gümbel / Jochen Hering

# BACH FÜR DETEKTIVE

Begleitheft zum Hör-Krimi
„Die Geheimschrift im Kloster –
ein Diebstahl für Johann Sebastian Bach“

EDITION MoPÄD

**Die Autoren:**

**Lutz Gümbel** – studierte Schulmusik, Germanistik und Kunstgeschichte in Stuttgart, Wien und Berlin. Umfassende Tätigkeit als Musiker und als Dramaturg in freien Theaterproduktionen, wissenschaftliche Veröffentlichungen. Verfasser zahlreicher Theatertexte und Hörspiele.

**Jochen Hering** – Lehrer an verschiedenen Grund-, Haupt-, Gesamtschulen und Universitäten in Dortmund, Oldenburg und Bremen. Zur Zeit Dozent im Fach Deutsch, Schwerpunkt Literaturdidaktik, an der Universität Bremen. Neben dem Lehrerberuf Tätigkeit als Journalist und Autor: Pädagogische Bücher wie die beiden Max-und-Anna-Karteien der Edition MoPäd und Hörspiele.

Dieses Begleitheft bezieht sich auf den Hör-Krimi
**Die Geheimschrift im Kloster –**
**ein Diebstahl für Johann Sebastian Bach**
(CD-Bestellnummer 9892).

Gedruckt auf umweltbewusst gefertigtem, chlorfrei gebleichtem
und alterungsbeständigem Papier

2. Auflage 2005
Nach der Neuregelung der deutschen Rechtschreibung



Illustrationen: Charlotte Wagner
Satz: media.design, Neumünster

ISBN 3-8344-**0260**-5

# INHALTSVERZEICHNIS

**Einleitung** ........ 4

**Tabellarische Übersicht zum Projekt „Bach für Detektive“** ........ 5

## Bausteine

1 Ein Auftrag wird erteilt – Detektivbüros in der Klasse ........ 6
2 Die Ankunft im Kloster ........ 8
3 Eine nächtliche Begegnung ........ 9
4 Die Orgel und Johann Sebastian Bach ........ 10
5 In der Kirche – auf der Orgelempore ........ 12
6 Der geheimnisvolle Fund – ein Musikrätsel ........ 14
7 Des Rätsels Lösung – 1. Teil ........ 15
8 Des Rätsels Lösung – 2. Teil: Das Motiv des Täters ........ 17

## KopierVorlagen für die Arbeit mit den Bausteinen

1A Detektiv-Notizen ........ 18
1B Detektivwörter sammeln und ordnen ........ 19
1C Detektivsätze schreiben mit der Detektivwörterkiste ........ 20
1D Detektivgeschichten schreiben ........ 21
1E Büroschild ........ 22
1F Eine Visitenkarte ........ 23
2A Das Kloster Heiligental – Lageplan ........ 24
2B Das Kloster Heiligental – aus der Vogelperspektive ........ 26
2C Ein Rundgang durchs Kloster Heiligental ........ 27
3A Genau hinhören beim Orgelspiel (zwei Hörübungen) ........ 29
3B Die Orgel ........ 30
3C Die Kirchenorgel zeichnen – Töne mit Farben sichtbar machen ........ 30
3D Vier wichtige Stücke Bachs für die Lösung des Falls ........ 31
Sarabande C
Vom Himmel hoch, da komm ich her
Wie schön leuchtet der Morgenstern
Brandenburgisches Konzert Nr. 4
4A Des Rätsels Lösung – Lösungsweg ........ 32
4B Des Rätsels Lösung – Ergebnis ........ 33
5A Der Abschlussbericht für Abt Esmeraldus – Freies Schreiben ........ 34
5B Der Abschlussbericht für Abt Esmeraldus – Puzzle ........ 35

## Zusatzmaterial

1 Johann Sebastian Bach – sein Leben im Überblick ........ 36
2 Johann Sebastian Bach – Lebenslauf-Puzzle ........ 38
3 Johann Sebastian Bachs Lebensstationen ........ 39
4 Johann Sebastian Bachs Lebensstationen als Karte ........ 40
5 Das Leben in der Stadt Eisenach im Jahr 1693 ........ 41
6 Ein Freitag in Sebastians Leben – und in deinem ........ 42
7 Ein Sonntag in Sebastians Leben – und in deinem ........ 43
8 Nachts! Heimlich! Verboten! – Johann Sebastian und die Liebe zur Musik ........ 44
9 Bach zum Nachspielen: Vom Himmel hoch, da komm ich her ........ 46
10 Tanzen wie zur Zeit Bachs – das Menuett ........ 47
11 Malen zu Musik ........ 49

# EINLEITUNG

Seltsames geht nachts im Kloster Heiligental vor. Merkwürdige Geräusche sind zu hören, die sich niemand erklären kann. Deshalb beauftragt der Abt des Klosters die Detektive Gärtner & Schmitz, die Vorkommnisse zu klären. Und hier setzt die Arbeit in der Klasse ein. Statt die Hörspiel-Geschichte vorzuspielen und der Lösung des Falles „nur“ zuzuhören, schlüpfen die Schülerinnen und Schüler in die Rolle der Detektive, gründen eigene Detektivbüros, sammeln Spuren und Verdachtsmomente, um den Fall selbst zu lösen.

**B 1-8** Für die Arbeit an der Lösung dieses Falles haben wir die Geschichte in acht Bausteine unterteilt, die jeweils die Grundlage für die Nachforschungen der Detektive bilden. Dazu gibt es den Text des Krimis, um schwierigere Stellen nachlesen zu können, und Hinweise zur Stundengestaltung.

**KV 1A-5B** Zu jedem der acht Bausteine gibt es vielfältiges Arbeitsmaterial als Kopiervorlagen: Notizzettel für die Detektivarbeit, einen Grundriss des Klosters Heiligental mit einem Rundgang durchs Kloster, einen Vorschlag für einen Kirchenbesuch zum Thema „Orgel“ (mit Hörübungen und Instrumentenkunde), Noten und Hinweise zur Lösung des für die Aufklärung des Falles zentralen Musikrätsels.

Ein Vorschlag: Richten Sie eine Info-Ecke mit Pinnwand ein. Hier kann Material ausgelegt, aufgehängt und immer wieder eingesehen werden.

**Z 1-11** Wer im Anschluss an die Arbeit mit dem musikalischen Krimi das Wissen um den Musiker und Komponisten Johann Sebastian Bach vertiefen möchte, findet entsprechendes Zusatzmaterial:

- Bachs Biographie
- Bachs Kindheit (genaue Wahrnehmung der eigenen Kindheit im Spiegel des kindlichen Alltags im späten 17. Jahrhundert)
- Handlungsorientierte Arbeit mit Bachs Musik (Malen, Tanzen, Musizieren)

Das Material ist insgesamt fächerübergreifend angelegt. Neben dem Musikunterricht wird Spracharbeit einbezogen (Detektivworte sammeln und Wortarten unterscheiden, den eigenen Tagesablauf beschreiben, kreatives Schreiben zu Musik, aktives Hören), Sachunterricht bzw. Geschichte/Geografie (Umgang mit einer Gebäudeskizze, historisches Wissen zum Leben im Kloster und zum Alltagsleben zur Zeit Bachs, Kartenarbeit mit der Deutschlandkarte), Kunstunterricht (Gestaltung einer Visitenkarte, Malen zu Musik) und ästhetische Erziehung (Tanzen eines Menuetts).

Dabei haben wir zu einigen Bereichen Aufgaben mit unterschiedlichem Schwierigkeitsgrad entworfen, um Möglichkeiten der inneren Differenzierung anzubieten.

Viel Spaß bei der Arbeit mit diesem Material wünschen Ihnen

*Lutz Gümbel und Jochen Hering*

**Wo liegt Kloster Heiligental?**

Ein Kloster mit Namen Heiligenthal gibt es tatsächlich. Das Kloster Heiligental in diesem Krimi ist als Ort aber ebenso erfunden wie Bachs Besuch dort.
Bach hat allerdings an zahlreichen Orten in Mitteldeutschland als Orgelprüfer gearbeitet. Die Geschichte wäre also möglich gewesen.

**Gärtner & Schmitz**

Detektei G&S

Die Detektive Gärtner und Schmitz haben schon viele Fälle musikalisch gelöst.
Als CD (Bestellnummer 9891) plus didaktisches Begleitheft (Bestellnummer M003) ist bereits lieferbar: „Anders als die andern – Der Fall Tschaikowsky“

# TABELLARISCHE ÜBERSICHT ZUM PROJEKT „BACH FÜR DETEKTIVE“

| Themen der Bausteine | Unterrichtsthemen (Kopiervorlagen / KV) | Unterrichtsziele |
|---|---|---|
| B 1 Der Auftrag wird erteilt – Detektivbüros (= Arbeits-gruppen) in der Klasse | • Protokollieren (KV 1 A)<br>• Grundwortarten (KV 1 B)<br>• Assoziatives Schreiben (KV 1 C / 1 D)<br>• Auskunftsschilder / Visitenkarten (KV 1 E / 1 F) | • Hörtexten Informationen entnehmen und diese schriftlich festhalten können<br>• Grundwortarten unterscheiden können<br>• Sätze / Geschichten assoziativ bauen können<br>• Infoschilder und -karten gestalten können |
| B 2 Ankunft und Orientierung im Kloster Heiligental | • Kartenarbeit (KV 2 A / 2 B)<br>• Alltagsleben im Kloster (KV 2 C) | • Sich auf einem Lageplan orientieren können<br>• Himmelsrichtungen zuordnen können<br>• Historisches Wissen zum Thema Kloster erwerben |
| B 3 Nächtliche Begegnung im Kloster | • Protokollieren (KV 1) | • Hörtexten Informationen entnehmen und diese schriftlich festhalten können<br>• Zwischen Tatsachen und Vermutungen unterscheiden lernen |
| B 4 Die Orgel und J. S. Bach | • Besuch einer Kirche<br>• Musikgeschichte: Aus der Kindheit J. S. Bachs<br>• Die Orgel, Hörübungen, Kirchenlieder (KV 3 A, B, C)<br>• Umgang mit Noten (KV 3 C)<br>• Melodien erkennen (KV 3 D) | • Wissen zur Lebensgeschichte J. S. Bachs erwerben<br>• Die Orgel als Instrument kennen lernen (mit allen Sinnen) und beschreiben können<br>• Orgelregister (Instrumentenklänge) unterscheiden und Klangeffekte beschreiben können<br>• Nach Noten musizieren lernen |
| B 5 In der Kirche – auf der Orgelempore | • Musikgeschichte: J. S. Bachs Musikverständnis<br>• Protokollieren (KV 1 A) | • Hörtexten Informationen entnehmen und diese schriftlich festhalten können<br>• Zwischen Tatsachen und Vermutungen unterscheiden lernen<br>• Ein musikalisches Grundmotiv Bachs benennen können |
| B 6 Der geheimnis-volle Fund – ein Musikrätsel | • Sprachrätsel (KV 4 A)<br>• Melodien erkennen (KV 4 A)<br>• Nach Noten spielen (KV 4 A)<br>• Kartenarbeit (KV 2 A / 2 B)<br>• Die Lösung des Krimis schrift-lich formulieren (KV 4 B) | • Nach Noten musizieren lernen<br>• Sprachrätsel deuten können<br>• Himmelsrichtungen kennen und bei Lageplänen anwenden können<br>• Sachverhalte zusammenfassend formulieren lernen |
| B 7 Des Rätsels Lösung – 1. Teil | • Überprüfung der eigenen Detektivarbeit<br>• Musikgeschichte: Brandenburgische Konzerte | • Hörtexten Informationen entnehmen und mit eigenen Annahmen vergleichen können<br>• Wissen zur Musikgeschichte erwerben |
| B 8 Des Rätsels Lösung – 2. Teil: Das Motiv des Täters | • Überprüfung der eigenen Detektivarbeit<br>• Sachbericht (KV 5 A / 5 B) | • Hörtexten Informationen entnehmen und mit eigenen Annahmen vergleichen können<br>• Einen einfachen Sachbericht anhand von Leitfragen frei formulieren können<br>• Mithilfe vorgegebener Sätze erstellen und einüben können |

# B 1 Ein Auftrag wird erteilt – Detektivbüros in der Klasse

Hörspielminute 0:00 bis 1:59

**Bild 1: Vorspann**
*(Nachts auf dem Klosterfriedhof)*

Gärtner: *(flüstert)* Duck dich. Da kommt jemand.
Schmitz: *(flüstert)* Los. Hinterher. *(leises Keuchen, schleichende Schritte, Grabegeräusche. Käuzchen ruft)*
Organist: *(aggressiv)* Was machen Sie hier?
Schmitz: Guten Abend, Bruder.
Gärtner: Wir haben ein Rätsel gelöst.
Schmitz: Genau wie Sie. Mithilfe von Johann Sebastian Bach.

**Bild 2: In der Detektei**
*(Klaviermusik live Mozart: Rondo alla turca[1]. Jemand spielt – mittelmäßig, Telefon klingelt, Musik geht weiter)*

Schmitz: Detektivbüro Gärtner & Schmitz, Ermittlungen aller Art. Schmitz am Apparat.
Ja ... ja ... im Kloster.
Gärtner: *(Musik bricht ab)* Sagtest du Kloster, Schmitz?
Schmitz: Was heißt, Sie wissen es nicht ... ?
Gärtner: Lass doch mal mithören!
Schmitz: Einen Moment bitte.
*(zischt)* Was ist denn, Gärtner?
Gärtner: *(ungeduldig)* Wer ist da?
Schmitz: *(leise)* Der Abt vom Kloster Heiligenirgendwas.
Gärtner: *(leise)* Lass doch mal mithören.
*(Mithörtaste wird geschaltet)*
Abt: *(Telefonstimme)* ... schleicht nachts durch unser Kloster. Aber wir haben noch nie etwas gesehen. Nur gehört. Mal sind es Klopfgeräusche, dann hört es sich an, als ob irgendwo gegraben würde. Das Klostertor ist die ganze Nacht verriegelt ...
Schmitz: Vielleicht ein Einbrecher ...
Abt: Ich sagte doch, das Klostertor ist die ganze Nacht verriegelt. Ich wüsste auch nicht, was einen Dieb anlocken könnte ...
Schmitz: *(witzelnd)* Kein Klosterschatz?
Abt: *(irritiert)* Ein Klosterschatz? Nein.
*(Pause, dann zögernd)* Es gibt da eine alte Geschichte ... aus der Zeit der schlesischen Kriege[2]. Abt Johannes soll das Gold des Klosters vor plündernden Soldaten versteckt haben.
Abt Johannes. Ein leidenschaftlicher Orgelspieler. Ihm verdanken wir die Orgel unseres Klosters. Aber einen Klosterschatz, nein. Sie sehen, ich bin ratlos, Herr Schmitz – und beunruhigt. Ich muss wissen, was in unserem Kloster nachts vor sich geht ...
Schmitz: Wir könnten morgen bei Ihnen sein in ...
Abt: Heiligental. Kloster Heiligental.
Schmitz: Vielleicht am späten Nachmittag.
Abt: Ich wäre Ihnen sehr dankbar, Herr Schmitz.
*(Telefon wird aufgelegt, Musik: Toccata d-Moll [3])*

---

1 W. A. Mozart: Sonate A-Dur, KV 331. Rondo alla turca, Allegretto

2 In insgesamt 3 Kriegen (zwischen 1740 und 1763) greift der preußische König Friedrich II. das Kaiserreich Österreich-Ungarn (Kaiserin Maria Theresia) an, um das Land Schlesien, das zu Österreich-Ungarn gehört, zu seinem Besitz zu machen. Mehr als 300.000 Soldaten lassen in den Kriegen des sog. „Großen Friedrich" ihr Leben (Preußen, Bd. 1: Versuch einer Bilanz. Reinbek 1981, S. 197f). Seit 1945 gehört Schlesien zu Polen.

3 J. S. Bach, Toccata d-Moll, BWV 565. Das Orgelwerk, Helmut Walcha, Archiv Produktion

## Ein Auftrag wird erteilt

Mit der Erteilung eines Auftrags beginnt die Arbeit eines Detektivs und damit setzt auch die Arbeit Ihrer Schülerinnen und Schüler ein. Nachdem im Unterrichtsgespräch der Rahmen geklärt worden ist (Schauplatz des Geschehens, Vorkommnisse, Auftrag), erhalten die Schülerinnen und Schüler einen Überblick über den Verlauf dieses musikalischen Projekts:

Sie sollen die Arbeit der beiden Detektive begleiten und den Fall möglichst selbst lösen. **KV 1 A**
Notizzettel, auf denen sie Tatsachen, Beobachtungen, Schlussfolgerungen und Vermutungen festhalten (KV 1 A), begleiten sie bei ihrer Arbeit. Ziel der Arbeit mit diesen Notizzetteln (bzw. der Detektivarbeit) ist es unter anderem, zwischen Tatsachen und Beobachtungen einerseits, Schlussfolgerungen und Vermutungen andererseits unterscheiden zu lernen.

## Die Gründung von Detektivbüros

Zunächst einmal soll geklärt werden, was die Arbeit eines **KV 1 B**
Detektivs bzw. einer Detektivin überhaupt ausmacht. Dazu sammeln die Schülerinnen und Schüler Detektivwörter, gemeinsam an der Tafel oder in Gruppenarbeit (siehe dazu auch KV 1 B): Verdacht, Täter usw.

Anschließend bilden die Schülerinnen und Schüler mit die- **KV 1 C**
sen Detektivwörtern (je nach Leistungsstand) Detektivsätze **KV 1 D**
oder schreiben „freie Detektivgeschichten" (KV 1 C und 1 D).

Die Arbeit an Baustein 1 endet mit der Gründung von Detek- **KV 1 E**
tivbüros (3–4 Kinder pro Büro). Regen Sie an, dass sich Kinder mit musikalischen Vorkenntnissen und Instrumentenerfahrung auf verschiedene Gruppen verteilen. Die Kinder denken sich einen eigenen Detektivnamen und ein Logo aus und fertigen ein Büroschild an (KV 1 E).

Danach gestalten sie ihre Visitenkarten (KV 1 F). Es ist sinnvoll, die Bedeutung des Wortes Visite zu klären: **KV 1 F**

- Woher kommt das Wort?
- Wozu ist eine Visitenkarte da?
- Was gehört deswegen auf eine Visitenkarte?
- Welche Rolle spielt die Gestaltung?
- Wer kann eine Visitenkarte mitbringen?

Steht den Kindern ein Computer zur Verfügung, kann eine Visitenkarte auch damit hergestellt werden.

In der weiteren Arbeit sammeln die Detektivgruppen in einer Mappe alle Unterlagen und Materialien, die für die Lösung des Falles wichtig sein könnten.

# Die Ankunft im Kloster

◎ Hörspielminute 1:59 bis 5:05

**Bild 3: Ankunft im Kloster**
*(Ankunft mit Auto, Schritte, Pforte quietscht)*

Schmitz: Guten Tag. – Gärtner und Schmitz. Der Abt erwartet uns.
Pförtner: Herzlich willkommen bei uns in Heiligental. Der Abt ist noch in der Abendmesse. Wenn Sie sich solange ein wenig umschauen möchten?
*(Schritte, Musik: Pastorale F-Dur[4])*
Gärtner: Hörst du das, Schmitz?
Schmitz: Ist ja wohl nicht zu überhören. Das geht mir durch und durch, Gärtner! Orgelmusik! *(Macht karikierend eine Orgel nach.)* Schlimm. Echt schlimm.
Gärtner: Aber hör doch mal genau hin, Schmitz. Ist das nicht wunderschön? ... Das ist Bach.
*(Musik kommt kurz in den Vordergrund)*
Schmitz: Wunderschön? Ich weiß nicht, Gärtner.
Gärtner: Komm, die Abendmesse ist zu Ende.
*(Musik endet, Schritte)*
Abt: Ah, die Herren vom Detektivbüro, Herr ...
Schmitz: Schmitz. – Mein Partner ... Gärtner:
Gärtner. Guten Tag, Herr Abt.
Abt: Abt Esmeraldus. Schön, dass Sie so schnell hier sein konnten. Bitte. Kommen Sie. Ihre Zimmer liegen über dem Kreuzgang. Von dort oben können Sie das ganze Kloster überblicken.
*(Vogelgezwitscher ... Kloster als Atmo)*
Haben Sie schon einen Plan?
*(Tür wird geöffnet)*
Schmitz: Im Moment wissen wir noch nicht mehr als Sie, Herr Abt. Detektivarbeit, das ist wie die Arbeit an einem Puzzle. Es kommt darauf an, die richtigen Stücke zusammenzusetzen. Das braucht Zeit ...
Abt: Dann darf ich Sie jetzt alleine lassen? Sicherlich möchten Sie sich noch ein wenig ausruhen.
*(Musik: Ouverture 3, Air[5])*

**Orientierung im Kloster**

Gärtner und Schmitz sind im Kloster Heiligental angekommen. Jetzt ist es für die Detektive wichtig, sich im Kloster zurechtzufinden.

Dazu gibt es:

**KV 2 A** ▹ einen Klosterplan (Erdgeschoss und 1. Stock) mit Bezeichnungen der einzelnen Zimmer und Gebäude (KV 2 A)

**KV 2 B** ▹ eine Sicht auf das Kloster aus der Vogelperspektive/Schrägansicht, damit die Kinder die abstrakte Draufsicht in eine konkrete Vorstellung umsetzen können (KV 2 B)

**KV 2 C** ▹ einen Vorlesetext als Grundlage für einen gemeinsamen imaginären Rundgang durchs Kloster (KV 2 C)

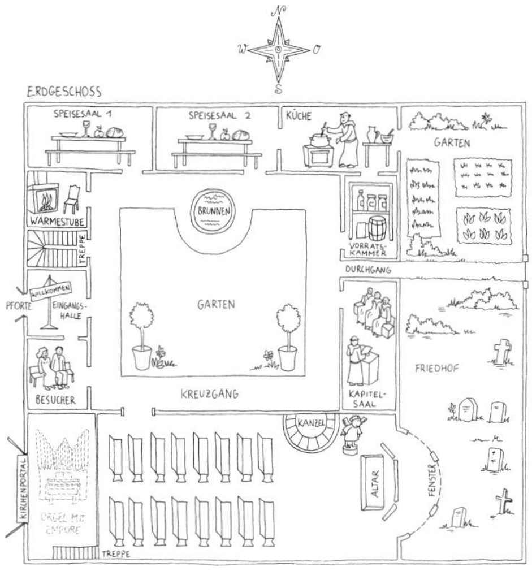

4 J. S. Bach, Pastorale F-Dur, BWV 590. Das Orgelwerk, Helmut Walcha, Archiv-Produktion
5 J. S. Bach, Ouverture 3, D-Dur, BWV 1068, Air. The English Concert, Trevor Pinnock, Archiv-Produktion

# Eine nächtliche Begegnung

**B 3**

◎ Hörspielminute 5:05 bis 6:25

**Bild 4: Nachts im Kloster**
*(Käuzchenruf, Geräusche von weit her)*

| | |
|---|---|
| Gärtner: | Wach auf, Schmitz! |
| Schmitz: | *(flüstert)* Was ist, Gärtner? |
| Gärtner: | Hörst du das? *(von fern Geräusche, ein Tor quietscht, ein Käuzchen ruft)* |
| Schmitz: | *(flüstert)* Komm, das schauen wir uns an! *(Tür wird leise geöffnet, Schritte, ein Tor quietscht, ein Käuzchen ruft)* |
| Gärtner: | *(flüstert)* Da hinten, Schmitz. |
| Schmitz: | *(Pause, leise Schritte, dann)* Na, wen haben wir denn da? |
| Pförtner: | *(erschreckt und aufgebracht)* Lass mich los!! Was willst du von mir! *(dann ruhig, erleichtert)* Ach, die Detektive. |
| Schmitz: | Sieh an, der Pförtner! Mitten in der Nacht? |
| Pförtner: | Ich ... ich habe Geräusche gehört und wollte nachsehen ... |
| Schmitz: | Und: Was haben Sie gesehen? |
| Pförtner: | *(flüstert erregt)* ... ein Schatten ... glühende Augen ... wenn Sie die Augen gesehen hätten ... das war kein Mensch. Den hat uns der Teufel geschickt. |
| Schmitz: | Merkwürdig. Wir haben nichts gesehen. Nur Sie! *(Musik: Toccata d-Moll[6])* |

## Beobachtungen, Tatsachen, Vermutungen

Dieser Ausschnitt braucht genaues Hinhören und entsprechende Notizen. Die Detektive füllen einen Notizzettel (KV 1 A) aus. Anschließend werden Beobachtungen und Vermutungen im Stuhlkreis ausgetauscht: **KV 1 A**

- Was sind das für Geräusche?
- Was macht der Pförtner?
- Was könnte der Pförtner gesehen haben?
- Warum haben Schmitz und Gärtner nur den Pförtner gesehen?

6 J.S. Bach, Toccata d-Moll, BWV 565. Das Orgelwerk, Helmut Walcha, Archiv Produktion

# B 4 Die Orgel und Johann Sebastian Bach

◎ Hörspielminute 6:25 bis 10:00

**Bild 5:** **Im Kreuzgang**
*(Morgenglocke, hallende Schritte)*

Schmitz: War ja nicht viel Schlaf die Nacht, was Gärtner? – Schau an, die Brüder Mönche sind vor uns aufgestanden.
*(Die beiden laufen weiter)*

Mönch: *(ins Gebet vertieft, murmelnd, Psalm 121)* Ich hebe meine Augen auf zu den Bergen, von welchen mir Hilfe kommt. Meine Hilfe kommt von dem Herrn ...

Schmitz: Guten Morgen.

Mönch: *(etwas lauter)* Der Herr sei mit euch. *(dann sofort weitermurmelnd)* ... der Himmel und Erde gemacht hat. Er wird deinen Fuß nicht gleiten lassen; und der dich behütet, schläft nicht. Der Herr behüte dich vor allem Übel. Er behüte deine Seele. Der Herr behüte deinen Ausgang und Eingang von nun an bis in Ewigkeit. *(Stimme verklingt)*

Schmitz: Ob wir noch mal mit dem Pförtner reden, Gärtner? Was meinst du?

Gärtner: Ich will mir die Orgel ansehen.

Schmitz: Meine Güte, Gärtner. Die Orgel! Wir haben zu tun.

Gärtner: Komm schon. Das sind doch nur ein paar Minuten.
*(Schritte, Musik von Bach[7] ist zu hören, kommt näher)*

Gärtner: Hörst du das?

Schmitz: Bin ich taub oder was? Schon wieder die Orgel.

Gärtner: *(erfreut)* Und wieder ein Stück von Johann Sebastian Bach.

Schmitz: Was anderes als Orgelmusik ist dem wohl nicht eingefallen?

Gärtner: Die Orgel, Schmitz, das ist die Königin der Instrumente. Ein Instrument, auf dem du Geigen, Flöten, Trompeten ... was du willst ... nachahmen kannst. Mit den Händen spielst du bis zu vier Manuale übereinander ...

Schmitz: ... Manuale? ...

Gärtner: ... die Tastaturen. Wie beim Klavier. Aber vier davon. Dazu Pedale, die mit den Füßen gespielt werden. Und Registerzüge für die Klangfarben ...
... und Bach war der Meister dieses Instruments. Sein Leben lang ...

Schmitz: Hör auf, mich anzuschwärmen ...

Gärtner: ... war die Orgel seine Leidenschaft. *(seufzt)* Johann Sebastian Bach, geboren 1685 in Eisenach. Alle Bachs sind bekannte Musiker. Seit Generationen. Aber Johann Sebastian stellt mit seiner Begabung alle in den Schatten.
*(Musik steht einen Moment frei)*

Sprecher: Acht Jahre ist er alt. Geige und Klavier spielt er schon. Jetzt will er endlich das Orgelspiel lernen. Für die Basstöne auf dem Pedal sind seine Beinchen noch zu kurz. Aber warten kann er nicht. Er spielt ohne Pedal. Seine Füße spielen die Basstöne einfach in der Luft mit, denn vor seinem inneren Ohr hört er sie ohnehin ganz genau. Und er fragt den Onkel: „War denn der Bass richtig?" Der brummt nur: „Was man nicht spielt, kann nicht richtig oder falsch sein."
Da wird der kleine Organist ärgerlich. Er rutscht ganz nach vorn auf der Orgelbank. Er streckt die Zehen, so weit es geht. Er spielt und kein einziger Ton ist falsch.
Mit 18 Jahren bewirbt sich Bach in der Stadt Arnstadt zum ersten Mal um eine Organistenstelle. Sein Vorspiel ist so beeindruckend, dass er sofort als Organist angestellt wird.
*(Musik steht einen Moment frei)*

Gärtner: Bachs Orgelmusik ist ...

Schmitz: ... wunderschön. Das sagtest du schon ... Na gut, Gärtner. Gehn wir halt in die Kirche. Bringen wir es hinter uns.

---

7 J. S. Bach, Sarabanda con Partita, C-Dur, BWV 770. Harald Vogel, Orgelwerk Vol. I, Deutsche Harmonia Mundi

## Besichtigung einer Kirchenorgel

Für diesen Teil der Detektivarbeit besuchen Sie mit Ihren Schülerinnen und Schülern eine Kirche und deren Orgel. Zum einen werden so die Geschehnisse im Kloster noch einmal lebendig vor Augen geführt, zum anderen bekommen Ihre Schülerinnen und Schülern einen sinnlichen Eindruck von dem Instrument, das im Mittelpunkt dieses Krimis steht.

Das Begleitheft enthält drei Arbeitsblätter für diesen Besuch:

- zwei einfache Hörübungen zur Orgelmusik (KV 3 A) **KV 3 A**
- die Zeichnung einer Orgel zum Eintragen wichtiger Begriffe (KV 3 B) **KV 3 B** **KV 3 C**
- die Anregung zum Zeichnen der Orgel, die besichtigt wird (KV 3 C) **KV 3 D**
- Noten zu je zwei Liedern und Musikstücken Bachs: **KV 3 D**
  1. Sarabande
  2. Vom Himmel hoch, da komm ich her
  3. Wie schön leuchtet der Morgenstern
  4. Brandenburgisches Konzert Nr. 4

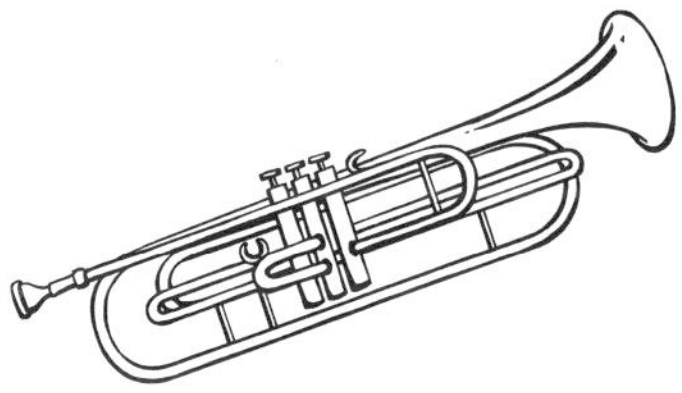

Bitten Sie den Organisten, jedes der Instrumente auf dem Arbeitsblatt (vgl. KV 3 A) zunächst einzeln vorzuspielen, und gemeinsam den richtigen Namen bzw. das jeweilige Instrument zuzuordnen (Hörübung 1). Dann werden unterschiedliche Register vergleichend gehört und beschrieben (Hörübung 2). Bei der Geige, die auf KV 3 A genannt wird, handelt es sich eigentlich um die Streicher- bzw. Gambenstimmen, die in den jeweiligen Orgeln verschieden benannt sind (z.B. Viola da Gamba). Uns erscheint es ausreichend, es bei dem den Schülern vertrautesten Begriff der Geige zu belassen. **KV 3 A**

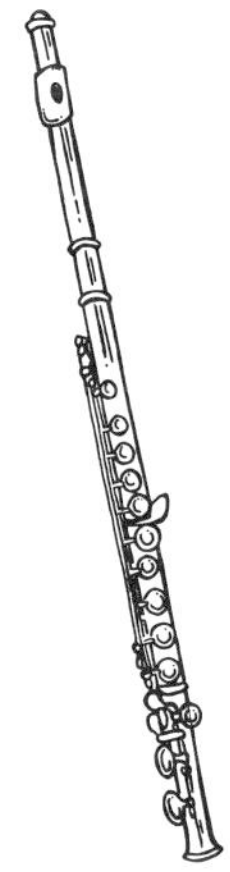

Verabreden Sie mit dem Organisten, dass er den Kindern die Anfänge beider Lieder und Stücke vorspielt. Ihre Schülerinnen und Schüler sollen anhand der Noten erkennen, welches Lied gerade gespielt wird. Dazu sind keine Notenkenntnisse erforderlich. Es reicht, den Wechsel von „hoch“ und „tief“ zu hören und auf dem Notenblatt wiederzuerkennen (KV 3 D). Die Melodien können anschließend in der Klasse auf dem Stabspiel nachgespielt werden. Das Erkennen dieser Melodien ist eine Vorbereitung für die Lösung des späteren Musikrätsels (vgl. Baustein 6). **KV 3 D**

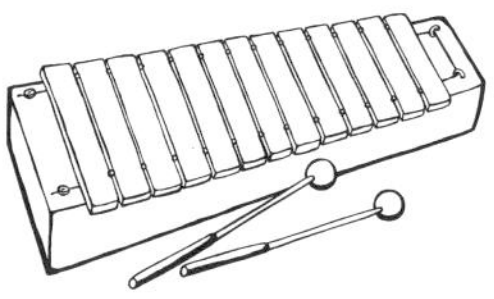

Zum Abschluss können die Schülerinnen und Schüler die Teile der Kirchenorgel benennen (KV 3 B) und die Kirchenorgel in ihren Umrissen frei abzeichnen sowie die unterschiedlichen Tonhöhen (Orgelpfeifen) farbig sichtbar machen (KV 3 C): kurze Pfeifen klingen höher als lange. **KV 3 B** **KV 3 C**

# In der Kirche – auf der Orgelempore

◎ Hörspielminute 10:00 bis 12:35

**Bild 6: In der Kirche**

Gärtner: *(öffnet Kirchentür leise, Musik jetzt laut zu hören, Tür quietscht beim Schließen laut, Musik bricht ab. Gärtner, laut mit Hall, zur Empore:)* Dürfen wir auf die Empore kommen?

Organist: *(laut hallend zurück)* Ich kann Ihnen nicht weiterhelfen. Ich weiß nichts.

Gärtner: *(laut hallend nach oben)* Bitte? Wir möchten uns die Orgel ansehen.

Organist: *(unsicher)* Ach so. Nur die Orgel ... *(dann plötzlich freundlich)* Ja, kommen Sie, kommen Sie nur ... *(Schritte, Treppe knarrt)* Verstehen Sie etwas von Orgelmusik? *(fängt an zu spielen, Musik: Sarabande[8])*

Gärtner: Das ist Bach.

Organist: *(während er weiterspielt, erfreut)* Das hört man gleich, nicht wahr? Wie harmonisch sich die Töne der Melodie zueinander fügen. Wie ruhig und heiter die Musik dahinfließt. Bach ist der Meister. In seiner Musik klingt die Ordnung und Weisheit Gottes.

Schmitz: *(ungeduldig)* Mag sein, mag sein. Aber hier auf Erden gehts leider ungeordneter zu.

Organist: *(Musik hört abrupt auf, Organist fällt ihm ins Wort)* Sie haben Recht. Wir Menschen sind unvollkommene Sünder. *(entflammt)* Aber Gott wird dereinst zu Gericht sitzen über uns sündige Menschen. *(leise)* Auch ich habe gesündigt. *(dann wieder laut, hoffnungsvoll)* Aber wer an Gott glaubt, der wird erlöst werden von allen Sünden, auffahren gen Himmel, sitzen zur rechten Gottes und leben ewiglich. Kyrie eleison.

Schmitz: *(fragt flüsternd)* Kyrie eleison?

Gärtner: Das heißt „Herr, erbarme dich unser." *(Musik setzt ein: Kyrie eleison[9], Chor tutti, nach 0:27 in Hintergrund)*

Organist: Bach war ein frommer Mensch. Seine Musik soll uns über das Elend auf dieser Welt hinwegtrösten. Soli deo gloria!

Schmitz: Ich kann kein Latein.

Gärtner: Soli deo gloria: „Gott allein zur Ehre." Das hat Bach unter alle seine Werke geschrieben. *(Musik-Ende)*

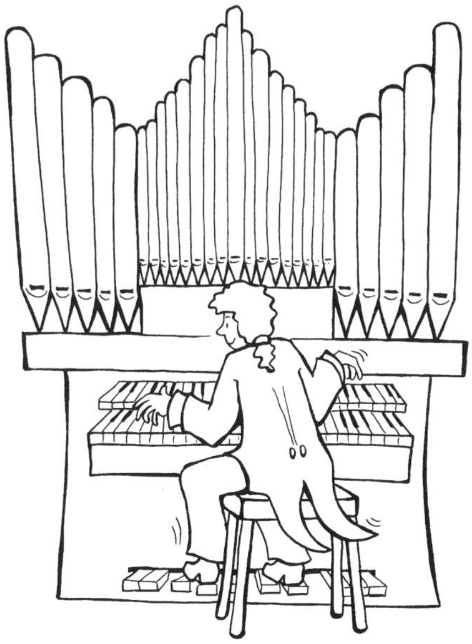

Organist: Ist unsere Orgel nicht ein wunderbares Instrument? *(verzückt)* Bach selbst hat sie gespielt. Auf der Durchreise. Ich könnte ihm nicht in die Augen sehen, wenn er jetzt hier hereinkäme.

Gärtner: Ich verstehe nicht?

Organist: Ich bin doch für die Orgel verantwortlich. Und die Orgel muss dringend überholt werden. Hier klemmt ein Pedal, da ein Registerzug, einige Tasten ... *(gerät in Rage)* Aber dafür ist ja angeblich kein Geld da. Für alles ist Geld da, nur für die Orgel nicht. *(etwas leiser, mehr zu sich selbst)* Aber vielleicht, in ein paar Tagen ...

Schmitz: In ein paar Tagen?

Organist: Wie?

Schmitz: Sagten Sie nicht gerade: „Aber vielleicht, in ein paar Tagen ..."

Organist: *(stottert)* Nein, nein, da müssen Sie sich verhört haben. Ich sprach von der Orgel und ihren alten Tagen. *(Glockengeläut)*

Schmitz: Was ist das für ein Gebimmel?

Organist: Es läutet zur Sext.

Schmitz: Zur was, bitte?

Organist: Zur Sext, zur Mittagszeit. Sehen Sie sich ruhig noch ein wenig in der Kirche um. Ich muss jetzt gehen. *(Schritte, Treppe Empore herab, quietschende Tür ...)*

Schmitz: Merkwürdig, dieser Organist?

---

8 J. S. Bach, Sarabanda con Partita, C-Dur, BWV 770. Harald Vogel, Orgelwerk Vol I, deutsche harmonia mundi

9 J. S. Bach, h-moll Messe, BWV 232, Kyrie eleison. Staatskapelle Dresden, Peter Schreier, Phillips

## Beobachtungen, Tatsachen, Vermutungen

In diesem Hörabschnitt stecken viele Spuren, die zur Lösung des Falles führen:

- Ich kann Ihnen nicht weiterhelfen. Ich weiß nichts.
- *(unsicher)* Ach so. Nur die Orgel ... *(dann plötzlich freundlich)*
- Bach selbst hat sie gespielt. [...] Ich könnte ihm nicht in die Augen sehen, wenn er jetzt hier hereinkäme.
- Und die Orgel muss dringend überholt werden. Hier klemmt ein Pedal, da ein Registerzug, einige Tasten ... *(gerät in Rage)* Aber dafür ist ja angeblich kein Geld da. Für alles ist Geld da, nur für die Orgel nicht.
- *(etwas leiser, mehr zu sich selbst)* Aber vielleicht, in ein paar Tagen ...

Dazu braucht es genaues Hinhören und das Festhalten der Beobachtungen und Vermutungen. Die Detektive füllen dazu wieder einen Notizzettel (KV 1 A) aus. Anschließend können Beobachtungen und Vermutungen im Stuhlkreis ausgetauscht und ergänzt werden. Es geht hier nicht um das vorschnelle Verraten der Lösung, sondern darum, mögliche Spuren zu entdecken, denen dann in der weiteren Arbeit nachgegangen wird. Auch falsche Spuren sollten daher aufgenommen werden und gleichberechtigt verfolgt werden, bis sie von den Kindern selbst als falsch erkannt werden. **KV 1 A**

Dieser Hörabschnitt kann auch ein Gespräch anstoßen über Gründe, warum Menschen musizieren und komponieren.
Ein Vergleich zwischen Bachs Grundmotiv (Soli deo gloria!) und den Motiven moderner Musiker (Pop-, Rap-, Hip-Hop-, Techno-Szene usw.) könnte spannend und aufschlussreich sein:

- Was unterscheidet Bachs Motive von den Motiven moderner Musiker?
- Welche Bilder vom Musikgeschäft haben Kinder und Jugendliche heute?
- Welche Motive haben sie, falls sie ein Instrument spielen?

Solche Vergleiche und Überlegungen fördern auch das Verstehen der religiösen Motive, die diesem Kriminalfall zugrunde liegen: Treue des Organisten gegenüber dem Vermächtnis Bachs, Hingabe an die Orgel als Instrument zur Verherrlichung Gottes usw.

# B 7 Des Rätsels Lösung – 1. Teil

**Bild 9: Auf dem Friedhof**
*(Schritte ... ab jetzt im Flüsterton)*

Gärtner: Was machen wir jetzt, Schmitz? Ist ja kaum noch was zu sehen bei der Dunkelheit.

Schmitz: Du willst doch jetzt nicht aufgeben, Gärtner? Irgendeinen Anhaltspunkt muss es doch geben.

Gärtner: Aufgeben! Mir fällt nichts ein, Schmitz.

Schmitz: Lies noch mal die letzte Zeile vom Rätsel.

Gärtner: „Lenk deinen Schritt dorthin und nimm den Schlüssel mit!"

Schmitz: Und die Noten?

Gärtner: Das 4. Brandenburgische Konzert, der Anfang.

Schmitz: Schieß los. Das muss der Schlüssel sein. Was ist mit diesem Konzert?

Gärtner: Das hat eine Vorgeschichte. Jean Louis Marchand, der berühmteste Orgelspieler Frankreichs, fordert Bach zu einem Wettstreit im Orgelspiel heraus. Bach nimmt die Wette an. Sie treffen sich in Dresden. Marchand hört ihm heimlich beim Üben zu. Und Bachs Spiel beeindruckt ihn so, dass er noch vor dem Wettstreit heimlich die Stadt verlässt.
Die Geschichte macht Bach berühmt und als Fürst Leopold von Anhalt-Köthen davon hört, holt er Bach als Kapellmeister an seinen Hof.
Dort lernt Bach den Fürsten von Brandenburg kennen, der begeistert ist von Bachs Musik ...
*(Musik setzt ein[13], steht einen Moment frei, läuft dann im Hintergrund)*

Schmitz: Kein Wunder. Endlich mal keine Orgelmusik!

Gärtner: Bach komponiert 6 Konzerte für den Fürsten, die später die Brandenburgischen Konzerte genannt werden, nach Christian Ludwig von Brandenburg.
*(Musik-Ende)*

Schmitz: Christian Ludwig. Vielleicht der Name auf einem der Grabsteine hier.

Gärtner: Duck dich. Da kommt jemand.
*(schlurfende Schritte, gehen in die Ferne, Grabegeräusche)*

Schmitz: Los, hinterher!
*(leise Schritte)*

Organist: *(erschrocken)* Was machen Sie hier?

Schmitz: Guten Abend, Bruder Organist. Sie haben das Grab also auch gefunden.

Organist: *(agressiv)* Spionieren Sie mir nach?

Gärtner: Wir haben das Rätsel gelöst. Genau wie Sie.

## Vergleich der Hörspiel-Lösung mit den eigenen Lösungsversuchen

Das Rätsel der nächtlichen Geräusche ist damit gelöst. Im Gesprächskreis können die Detektivgruppen nun nacheinander ihre eigenen Lösungen überprüfen: Was stimmte, was nicht? Was hat eventuell in die Irre geführt.
Allerdings besteht damit noch kein Aufschluss über das Motiv des Bruder Organisten. Der Fall ist noch nicht endgültig geklärt, denn es fehlt noch das „Warum?", das Motiv des Täters. Dieser Frage widmet sich der letzte Baustein der Detektivarbeit.

13 J. S. Bach, Brandenburgisches Konzert Nr. 4, G-Dur, BWV 1049, 1. Allegro. The English Concert, Trevor Pinnock, Archiv Produktion

# Des Rätsels Lösung – 2. Teil: Das Motiv des Täters



◎ Hörspielminute 20:10 bis 23:45

## Vermutungen über das Motiv des Täters

Warum hat der Bruder Organist heimlich nach dem Klosterschatz gegraben? Darüber kann spekuliert werden, Baustein 5 enthielt aber auch Hinweise darauf. Falls den Detektiven ein mögliches Motiv des Bruder Organisten nicht sowieso schon aufgefallen und in Erinnerung geblieben ist, können sie ihre Notizzettel noch einmal zu Rate ziehen oder auch den Baustein 5 („In der Kirche – auf der Orgelempore") ein weiteres Mal anhören.
Danach folgt im letzten Teil, in den Hörbildern 9 und 10 die Auflösung.

| **Bild 9:** | **Auf dem Friedhof (Fortsetzung)** |
|---|---|
| Schmitz: | Was wollten Sie eigentlich mit dem Gold? Sie haben doch hier im Kloster alles? |
| Organist: | *(entsetzt)* Sie denken doch nicht, ich hätte das Gold für mich gewollt? |
| Schmitz: | *(spöttisch)* Nein? |
| Gärtner: | Die Orgel, Schmitz. Denk an die Orgel! |
| Organist: | Die Orgel. Von Bach selbst geprüft und gespielt. Und die Orgel muss dringend überholt werden. Aber dafür ist ja kein Geld da ... Mit dem Klosterschatz ... |
| Schmitz: | Verstehe. Kann ich mal die Schaufel haben. – Danke. Ich würde mir diesen Schatz jetzt nämlich gern einmal ansehen. *(Grabegeräusche, Musik kommt nach vorn, Toccata d-Moll[14], von 1:08 bis 1:28, in die Musik die Abfahrt)* |

**Bild 10:** **Abspann**
*(Autotüren, Auto startet)*

| | |
|---|---|
| Schmitz: | Das war mal ein Fall mit Happyend, was Gärtner? Dieser Abt ist ein netter Kerl ... |
| Gärtner: | Unser Organist hat gestrahlt ... |
| Schmitz: | ... wie ein Honigkuchenpferd ... |
| Gärtner: | ... alles vergeben und vergessen. Der nächtliche Spuk ist vorbei, die Orgel wird repariert und für das Kloster bleibt immer noch ein hübscher Batzen übrig. |
| Schmitz: | Warte ab, bis sie unsere Rechnung kriegen. Einen hast du bei unserem Happyend übrigens noch vergessen. |
| Gärtner: | Wen meinst du? |
| Schmitz: | Na, wen wohl! Ich wette, Johann Sebastian Bach sitzt jetzt auf seiner Lieblingswolke, freut sich über den Bruder Organisten und haut ordentlich in die Tasten. *(Musik: Trio-Sonate für Orgel, Nr. 5, C-Dur[15])* |

## Auflösung und Abschlussbericht

Die Arbeit endet an dieser Stelle mit einem Abschlussbericht jeder Gruppe (KV 5 A und 5 B), als Präsentation des Ergebnisses für den Auftraggeber, typisch für die Detektivarbeit. **KV 5 A** **KV 5 B**
In knappen Worten (es geht ja nicht um eine Nacherzählung) werden für den Auftraggeber die folgenden Fragen beantwortet:

- Was genau ist passiert?
- Wer ist der Täter?
- Wie gelang es, den Fall aufzuklären?
- Was ist das Motiv des Täters?

Für Schülerinnen und Schüler, denen es schwer fällt, diesen Bericht frei zu schreiben, gibt es ein vereinfachtes Arbeitsblatt (KV 5 B), auf dem vorgegebene Sätze in eine sinnvolle Reihenfolge gebracht werden müssen. **KV 5 B**

14 J. S. Bach, Toccata d-Moll, BWV 565. Das Orgelwerk, Helmut Walcha, Archiv Produktion
15 J. S. Bach, Trio-Sonate Nr. 5, C-Dur, BWV 529, 1. Allegro. Das Orgelwerk, Helmut Walcha, Archiv Produktion

# Detektivsätze schreiben mit der Detektivwörterkiste

Schreib Detektivwörter auf kleine Zettel und lege sie in eine Schachtel.
Nimm immer – ohne hinzusehen – 3 Wörter heraus und lege sie nebeneinander.
Versuche dann aus diesen 3 Wörtern einen Detektivsatz zu bilden.
Arbeite so lange, bis kein Zettel mehr in deiner Schachtel ist!

**Verbrechen**

**befragen**

**schlau**

## Detektivgeschichten schreiben

Schreib Detektivwörter auf kleine Zettel.
Dreh die Zettel um und mische sie.
Such dir 10 Zettel aus.
Leg sie – immer noch umgedreht – nebeneinander vor dich hin.
Dreh die Zettel um und schau dir die Wörter darauf an.
Schreib jetzt eine Geschichte auf, in der nacheinander diese 10 Wörter in ihrer Reihenfolge von links nach rechts vorkommen.

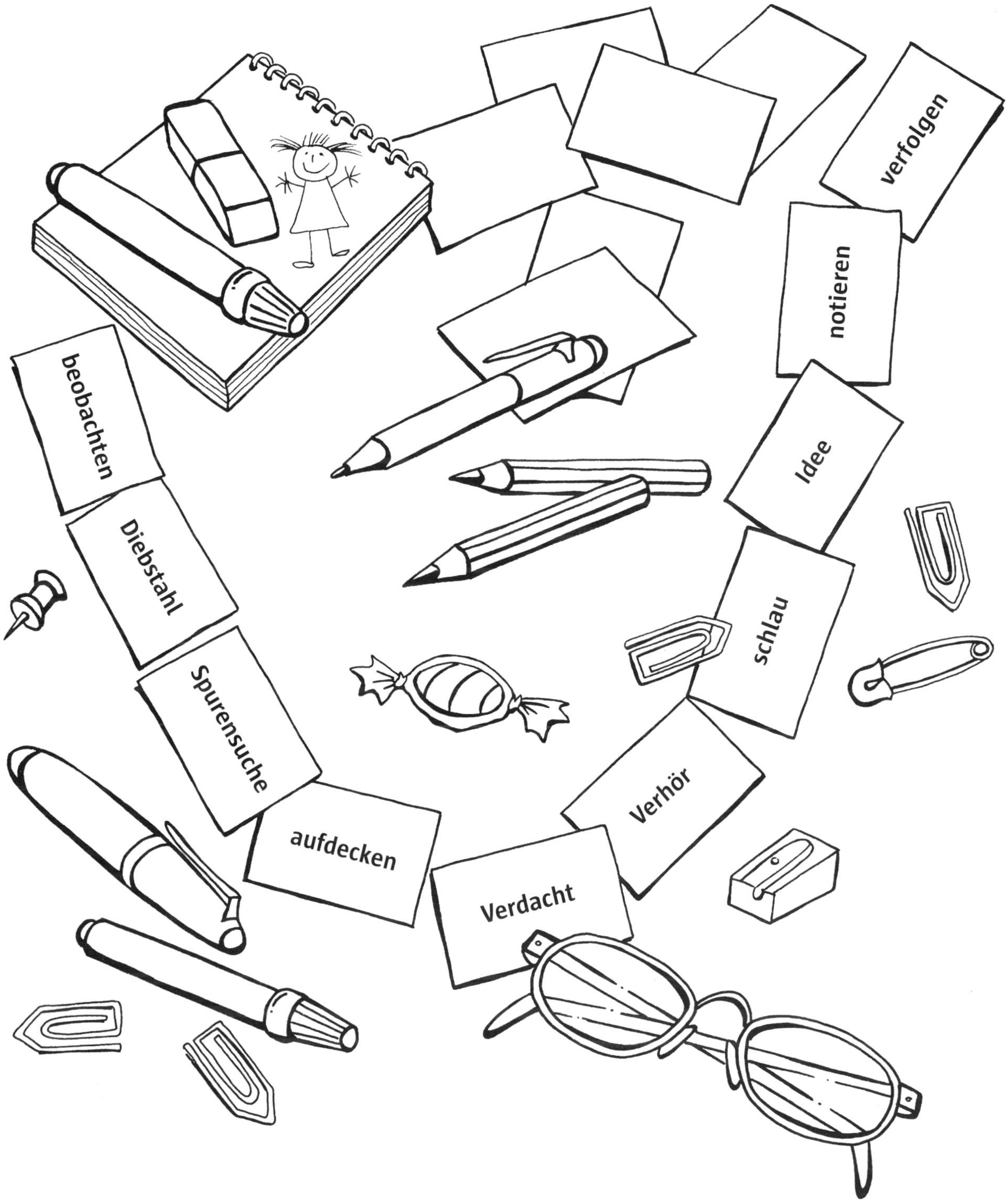

## KV 1E Büroschild

Gestaltet für euer Detektivbüro ein eigenes Büroschild.

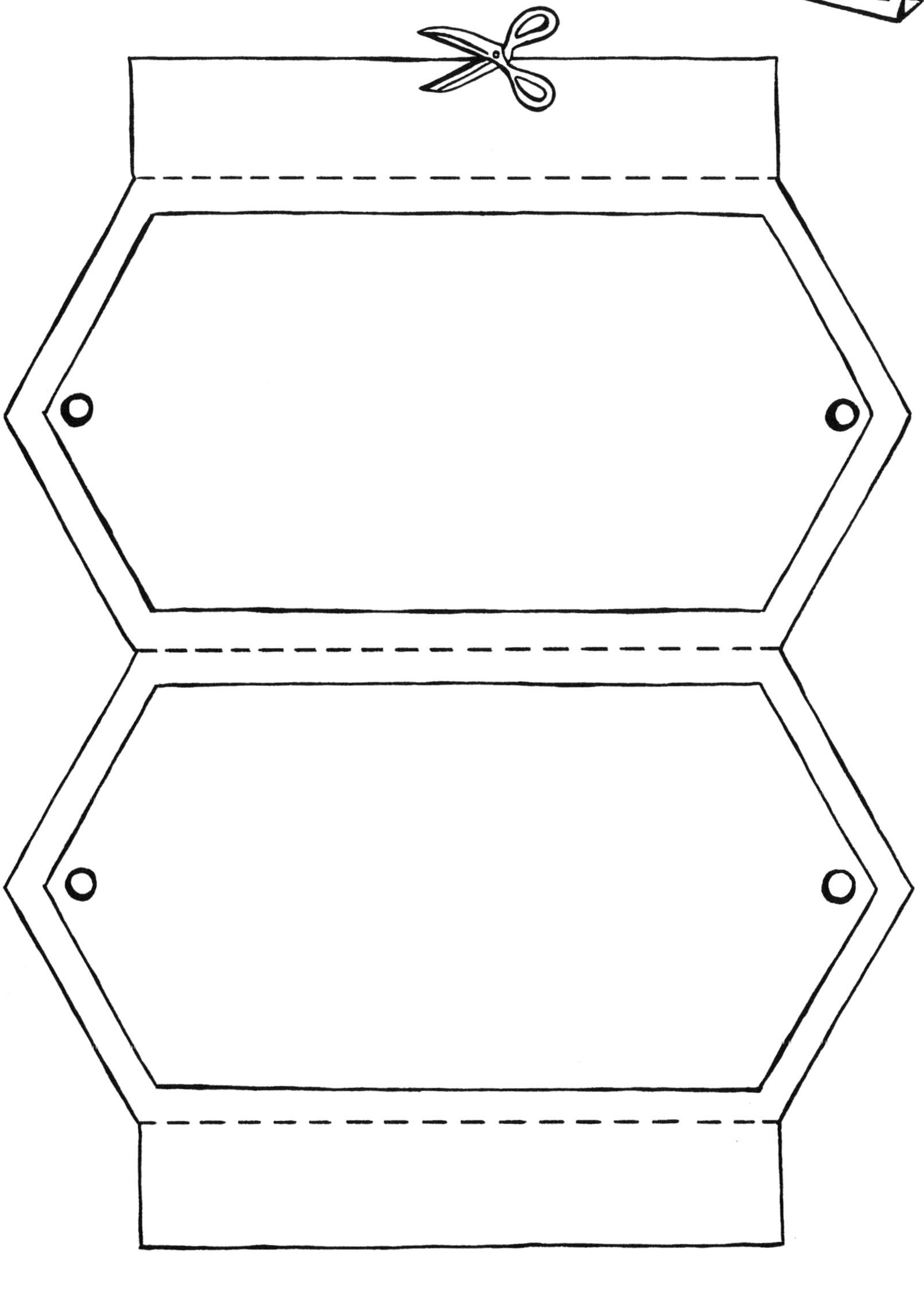

# Visitenkarten

Stellt für euer Detektivbüro eigene Visitenkarten her.
Zeichnet erst einzeln eine Visitenkarte für euer Detektivbüro.
Arbeitet dabei zunächst mit Bleistift,
damit ihr eure Ideen immer wieder verändern könnt!
Besprecht danach eure Entwürfe in der Gruppe.

Überlegt euch gemeinsam, wie eure Visitenkarte aussehen soll:

① Was soll auf eurer Visitenkarte stehen?

..........................................................................................................

..........................................................................................................

..........................................................................................................

② Wie soll sie gestaltet sein?
Was euch auf eurer Visitenkarte besonders wichtig ist, könnt ihr hervorheben, mit Farbe, mit einem Rahmen oder einer besonderen Schrift, zum Beispiel so:

Schmitz & Gärtner
Detektive

Schmitz & Gärtner
Detektive

Detektive
SCHMITZ + GÄRTNER

Schmitz & Gärtner
*Detektive*

Schmitz & Gärtner
Detektive

DETEKTIVE
*Schmitz & Gärtner*

③ Auf Visitenkarten findet ihr oft ein Bildzeichen („Logo" genannt), das sich der Besitzer oder die Besitzerin der Karte ausgedacht hat, zum Beispiel:

S&G

SG

SG

Bachs Siegel oben ist aus den Initialen J, S und B zusammengesetzt, einmal richtig herum und einmal spiegelverkehrt. Siehst du es?

# Das Kloster Heiligental – Lageplan des Erdgeschosses

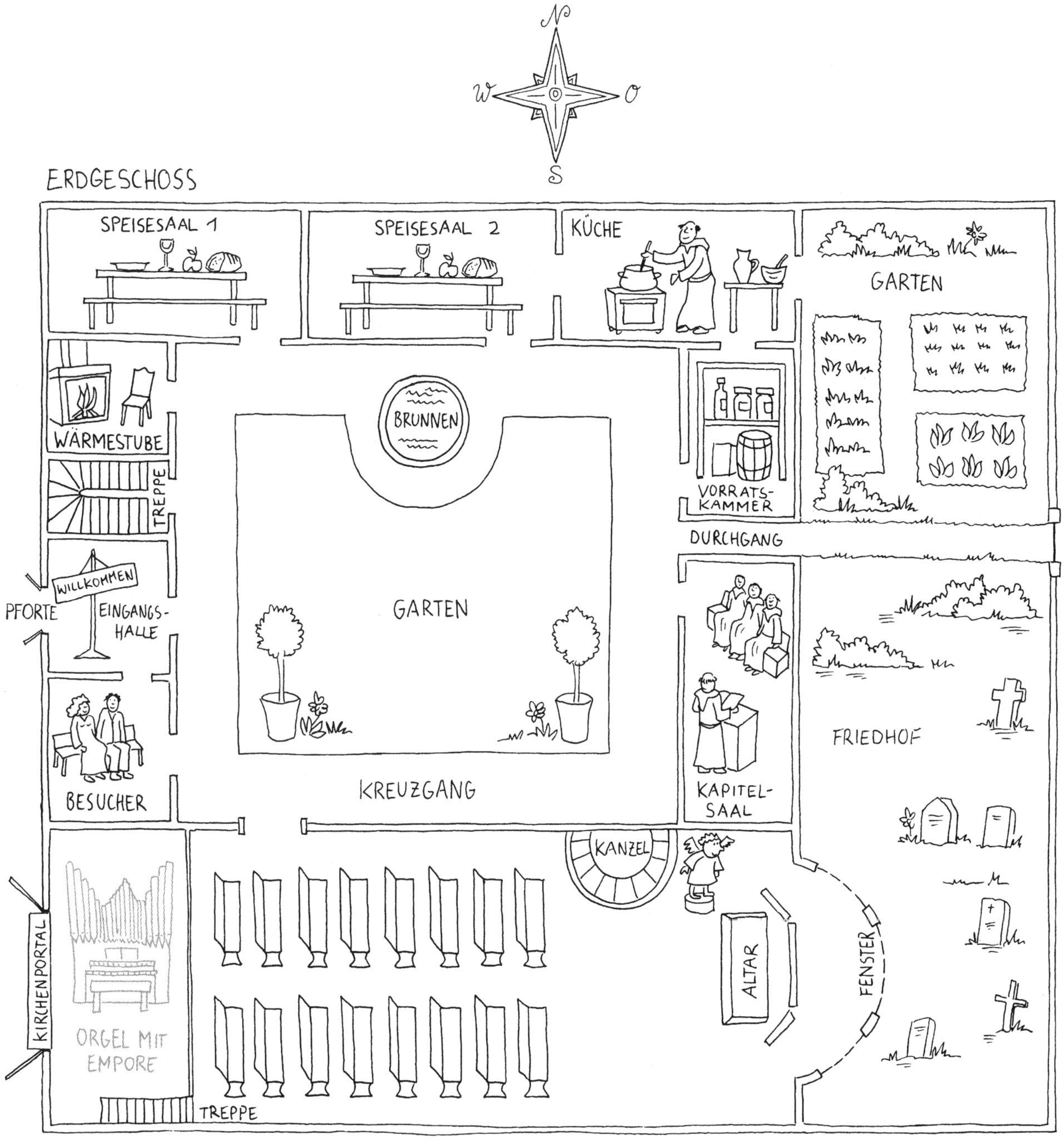

# Das Kloster Heiligental – Lageplan des 1. Stocks

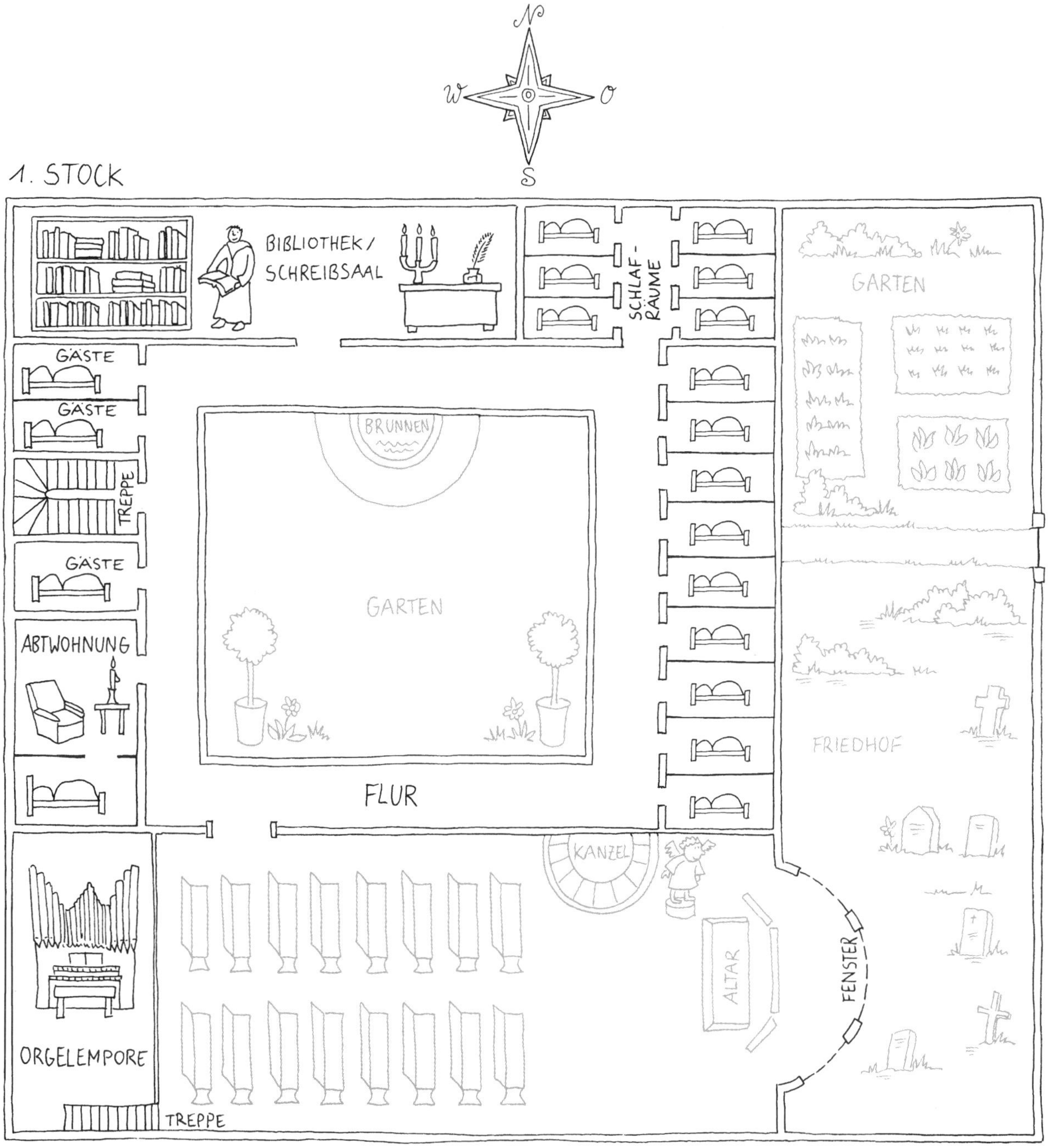

# Das Kloster Heiligental – aus der Vogelperspektive

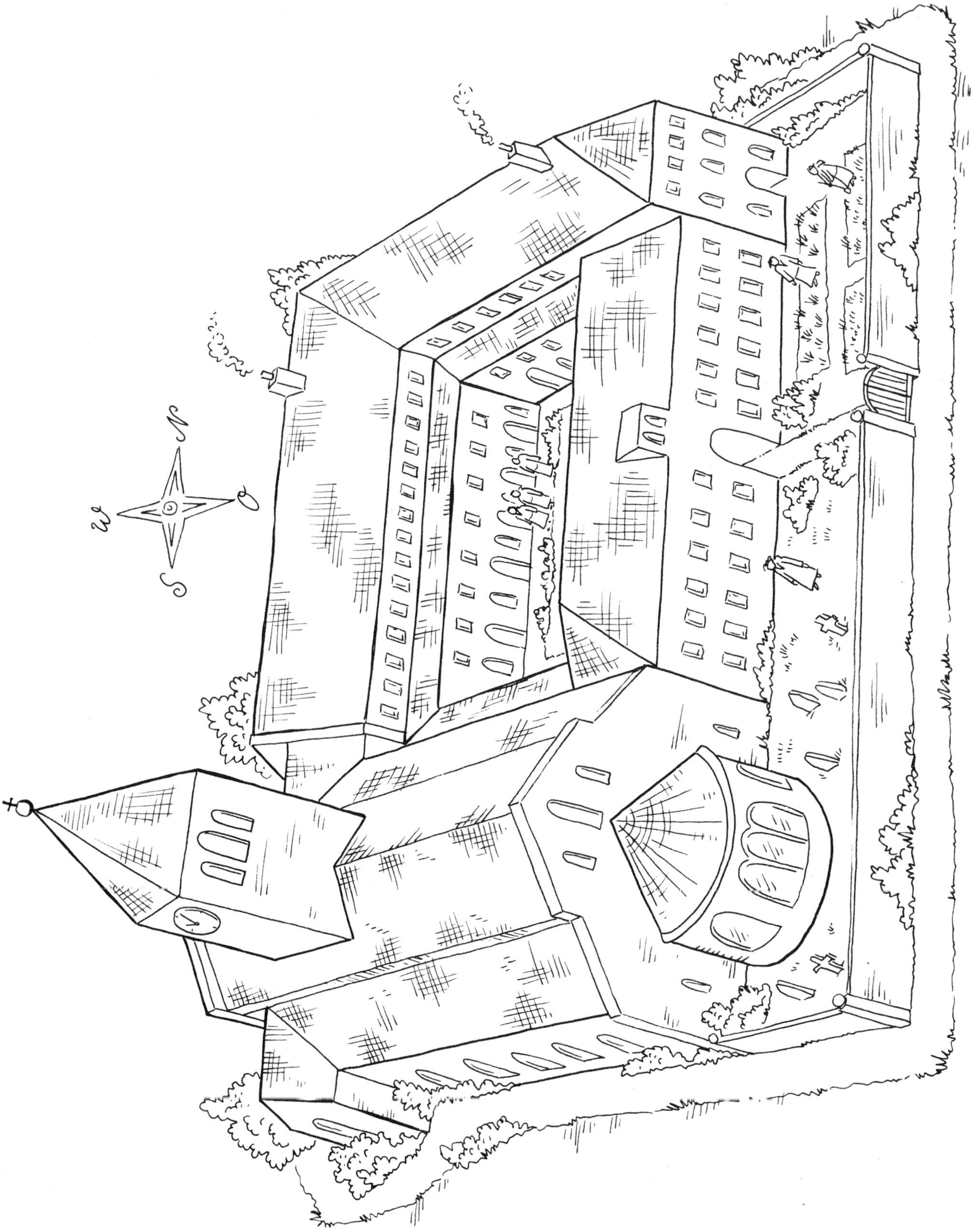

Das Wort Kloster kommt vom lateinischen Wort „claustrum“. Das bedeutet „abgeschlossen“, „verschlossen“. Ein Kloster ist ein Ort, an dem Männer oder Frauen abgeschlossen von der Welt leben. Sie heißen Mönche oder Nonnen.

Früher, im Mittelalter, gehörten Mönche und Nonnen zu den wenigen Menschen, die lesen und schreiben konnten. Bücher wurden mit der Hand geschrieben. Wer ein Buch haben wollte, musste das Original selbst abschreiben oder es von jemandem abschreiben lassen. Das machten die gelehrten Mönche und Nonnen in den Klöstern.

Andere Mönche waren geschickte Handwerker, die alle notwendigen Arbeiten im Kloster durchführten. Wieder andere kannten sich mit Heilkräutern aus und pflegten kranke Menschen, innerhalb und außerhalb ihres Klosters.

Die meisten einfachen Mönche arbeiteten aber wie Bauern auf den Feldern und in den Ställen des Klosters. Sie säten und ernteten Getreide, pflanzten Gemüse im Klostergarten, pflückten im Herbst das Obst von den Bäumen des Klosters, melkten Kühe, schlachteten Schweine. Die Klöster versorgten sich nämlich selbst mit allem, was sie für das tägliche Leben brauchten.

Das Leben eines Mönchs oder einer Nonne ist genau geregelt. Der Tag ist durch Gebetsstunden und Gottesdienste streng eingeteilt. In den heutigen Klöstern stehen die Mönche gegen 5 Uhr morgens auf, um – etwa eine Stunde lang – mit Gebeten den neuen Tag zu begrüßen. Um sechs Uhr in der Frühe beginnt der Arbeitstag. So wie es ihre Arbeit zulässt, versammeln sie sich bis zu zwölfmal am Tag zum gemeinsamen Gebet. Am frühen Abend beenden die Mönche ihre Arbeit und beten die Vesper. Danach essen sie zu Abend. Spätestens um 9 Uhr abends versammeln sich alle noch einmal zur Komplet, einem gemeinsamen Gebet, das den Tag abschließt. Die Mönche legen sich schlafen, aber um Mitternacht stehen sie noch einmal auf, für ein gemeinsames Nachtgebet, die Nokturn. Um 5 Uhr früh begrüßen die Mönche den nächsten Tag erneut mit den Morgengebeten. Der Tageskreis beginnt von neuem.

Klöster gibt es seit Tausenden von Jahren überall auf der Welt. Meist liegen sie an abgeschiedenen Plätzen, auf hohen Bergen oder in einsamen Tälern.

Auch das Kloster Heiligental liegt in solch einem einsamen Tal. Und damit ihr euch dort gut zurechtfindet, machen wir jetzt einen gemeinsamen Rundgang durchs Kloster.

Schaut während des Rundgangs auf euren Plan und seht euch an, wo wir gerade sind. KV 2 A KV 2 B

**Los geht's!**

Wir klopfen ans Tor der Eingangshalle. Der Bruder Pförtner öffnet eine kleine Klappe in der Tür und sieht nach, wer da ist. Wir haben die Erlaubnis des Abtes, das Kloster zu besichtigen. Der Abt ist der Leiter des Klosters und daher lässt uns der Bruder Pförtner ein.

# Ein Rundgang durchs Kloster Heiligental

Wir gehen durch die Eingangshalle und stehen im Kreuzgang. Das ist ein überdachter Gang, der um einen Garten mit Blumenbeeten und einen Brunnen herumführt. Es ist still hier. Nur ein paar Vögel sind zu hören und das Plätschern des Brunnens.

Wir gehen rechts herum den Kreuzgang entlang. Mönche, in ihre einfachen Kutten gekleidet, begegnen uns. Ihre Lippen bewegen sich, während sie lautlos beten.

Unser Weg führt uns an der Mauer der Klosterkirche entlang. Die Kirchenglocken läuten gerade zum frühmorgendlichen Gottesdienst. Immer mehr Mönche begegnen uns auf dem Kreuzgang. Sie gehen zu der kleinen Pforte, die in die Kirche führt.

Wir gehen weiter und kommen am Kapitelsaal vorbei. Hier finden Besprechungen statt, hier treffen sich die Äbte befreundeter Klöster, um gemeinsam über die Regeln des Klosterlebens nachzudenken.

Hinter dem Kapitelsaal führt ein Durchgang zum Kräuter- und Gemüsegarten und zum Friedhof. Hier begraben die Mönche ihre verstorbenen Brüder.

Wir gehen weiter den Kreuzgang entlang und bleiben einen Moment am Brunnen stehen. In der Mitte des Brunnens ragt eine Säule empor. Sie ist mit vier Engelsfiguren verziert. Aus den Mündern der Engel plätschert Wasser ins Brunnenbecken.

Jetzt führt uns unser Weg an der Küche und den beiden Speisesälen des Klosters vorbei. Im ersten Speisesaal tafeln der Abt und diejenigen Mönche, die die Bibel studieren, Bücher schreiben und in der Bibliothek arbeiten. Im zweiten Speisesaal essen die Laienbrüder. Das sind die Mönche, die in Küche und Garten arbeiten, in den Ställen und auf den Feldern, oder die für die Heilkräuter und die Krankenpflege zuständig sind.

Während des Essens wird geschwiegen. Einer der Mönche liest aus der Bibel oder aus den Klosterregeln vor, damit sich alle immer wieder an ihre Pflichten und Aufgaben erinnern.

Schließlich kommen wir auf dem Weg zurück zur Eingangshalle noch an der Wärmestube vorbei. Früher gab es in den Klöstern keine Heizungen. Und das Leben der Mönche war einfach, ein Leben ohne Luxus und Bequemlichkeit. Also begnügte man sich in der kalten Jahreszeit mit einem einzigen geheizten Raum. Dort konnte sich jeder, den es zu sehr fror, aufwärmen.

Die Treppe in der Eingangshalle bringt uns in den ersten Stock. Hier befinden sich die große Bibliothek, der Schreibsaal, Schlafsäle für die Mönche und die Wohnung des Abtes.

Im ersten Stock sind auch die Gästezimmer des Klosters. Das Gästezimmer direkt neben dem Treppenhaus haben die Detektive Schmitz und Gärtner bezogen.

Der Flur im 1. Stock ist ein überdachter Bogengang, zum Innenhof hin offen. Von hier oben aus sehen wir uns noch einmal den Garten und Brunnen des Klosters an.

# Genau hinhören beim Orgelspiel (zwei Hörübungen)

**Hörübung 1**

Die Orgel kann viele andere Instrumente nachmachen. Der Organist zieht dann die verschiedenen Register. Du hörst jetzt gleich vier Instrumente: die Trompete, die Geige, die Flöte und das Glockenspiel. Manche Instrumente hörst du mehrmals. Schreib auf, in welcher Reihenfolge diese Instrumente zu hören sind:

① ........................................ ⑤ ........................................

② ........................................ ⑥ ........................................

③ ........................................ ⑦ ........................................

④ ........................................ ⑧ ........................................

**Hörübung 2**

Auf der Orgel kann der Organist seine Melodien verschieden klingen lassen. Die Orgel kann ihre Töne sanft hin- und herschwingen lassen, sie kann hoch wie ein Vogel singen, schrill schreien wie ein Esel, tief brummen oder wie eine Posaune schmettern.

Was hörst du als Erstes, Zweites, Drittes, Viertes und Fünftes? Trage Nummern ein.

## KV 3B Die Orgel

Trage die Namen ein: Manuale, Registerzüge, Pedale, Pfeifen

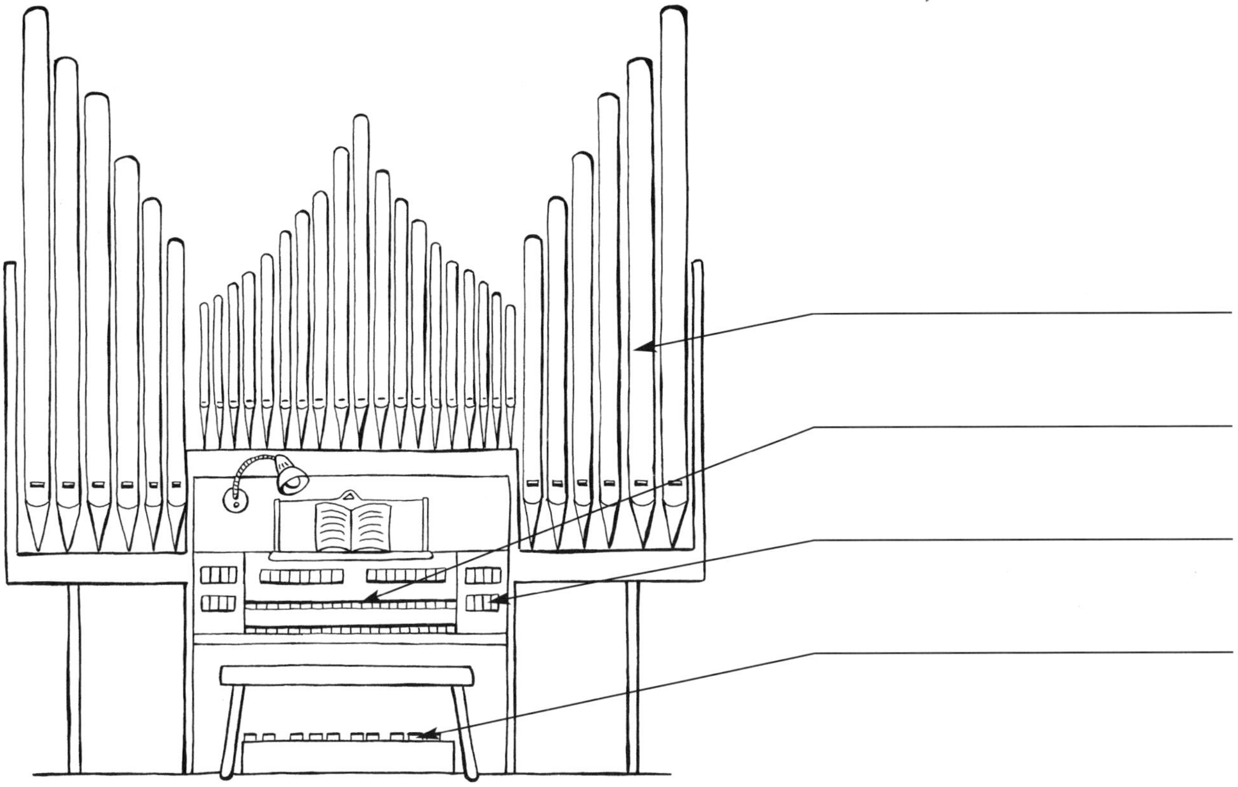

## KV 3C Die Kirchenorgel zeichnen – Töne mit Farben sichtbar machen

Du brauchst ein Blatt Papier, eine Unterlage, einen Bleistift, ein Lineal, wahrscheinlich einen Radiergummi.

① Schau dir die Orgel, die du zeichnen willst, genau an.
② Beginne deine Zeichnung mit ganz schwachen Bleistiftstrichen. Dann kannst du Fehler besser ausradieren.
③ Wenn du fertig bist, ziehst du alle Linien kräftig nach.
④ In der Klasse malst du die Orgelpfeifen bunt aus.
⑤ Nimm für die kurzen Pfeifen (die hohen Töne) helle Farbtöne.
⑥ Je tiefer und dunkler die Töne werden (lange Orgelpfeifen), desto dunkler sollen die Farben werden, die du benutzt.

# Vier wichtige Stücke Bachs für die Lösung des Falls

**KV 3D**

Erkennst du die Melodie?

### Sarabande C-Dur (BWV 770)

### Vom Himmel hoch, da komm ich her

### Wie schön leuchtet der Morgenstern

### Brandenburgisches Konzert Nr. 4 (BWV 1049)

# KV 4A Des Rätsels Lösung – Lösungsweg

Gärtner und Schmitz finden ein geheimnisvolles Blatt mit Noten.
In den vier Liedanfängen steckt des Rätsels Lösung.
Ihr kommt dem Geheimnis noch schneller auf die Spur,
wenn ihr die Liedanfänge auf einem Stabspiel nachspielt.

***Wo man dies spielt,***

Ein Stück mit diesen Noten hat der Organist des Klosters gespielt.
Wo war das?

***da steh auch ich,***

Habt ihr das Lied wiedererkannt? Wer ist „ich"?
Ein Tipp: Das Wesen hat Flügel!

***seh den, der zeigt den goldnen Weg.***

Jetzt wisst ihr, wer den Weg zum goldenen Schatz zeigt.
Ein Stern zeigt den Weg zum goldenen Schatz.
Jetzt braucht ihr ein Lexikon oder ihr fragt jemanden, der sich auskennt.
Die Frage ist: Wo ist dieser Stern zu sehen?
Wenn ihr das herausbekommen habt,
müsst ihr euch noch einmal den Klosterplan anschauen.
Wisst ihr jetzt, wohin ihr gehen müsst?

***Lenk deinen Schritt dorthin und nimm den Schlüssel mit!***

Die Noten sind aus Bachs Brandenburgischen Konzerten.
Bach hat diese Musik für den Fürst Christian Ludwig komponiert.
Habt ihr jetzt eine Vermutung, was mit dem „Schlüssel" gemeint ist?

# Des Rätsels Lösung – Ergebnis

**KV 4B**

Wenn ihr das Rätsel gelöst habt,
könnt ihr eure Lösung aufschreiben
oder ein Bild dazu malen.

**Wo man dies spielt,**

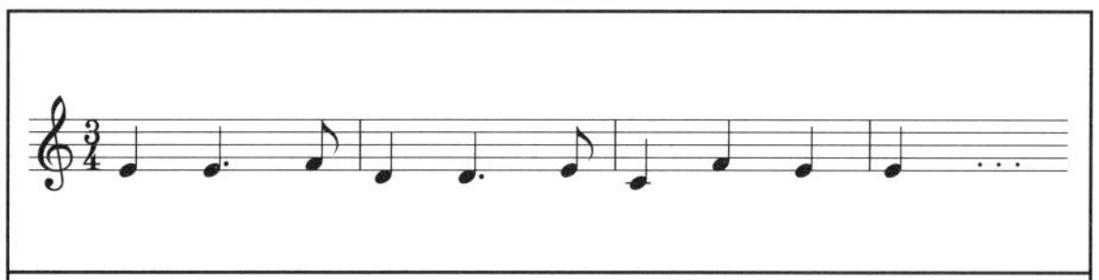

**da steh auch ich,**

**seh den, der zeigt den goldnen Weg.**

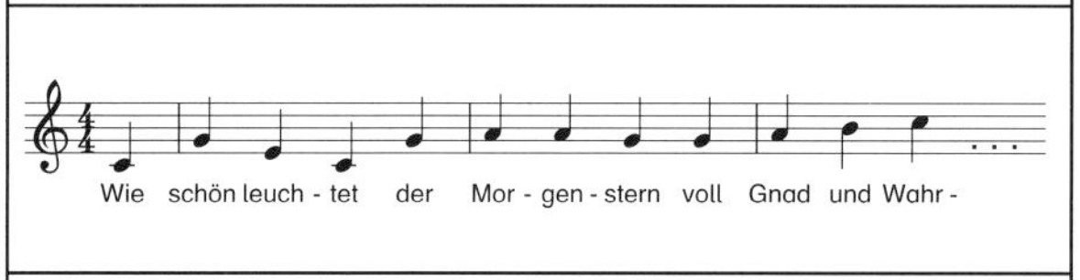


**Lenk deinen Schritt dorthin
und nimm den Schlüssel mit!**

# Johann Sebastian Bach – sein Leben im Überblick

Johann Sebastian Bach kommt am 21. März 1685 in Eisenach in Thüringen zur Welt.

Der Vater Johann Ambrosius Bach ist Geiger und Stadtmusiker. Die Mutter Elisabeth stammt aus einer angesehenen Familie. Ihr Vater ist Kürschner[1] und Ratsherr[2] in Eisenach.
Überall in Thüringen haben die Bachs Verwandte und alle sind musikalisch.
Die Bachs sind seit Generationen Musiker: Organisten, Stadtpfeifer, Kantoren[3] und Hofmusiker.

Von Kind auf lernen alle Bachs mehrere Instrumente. Eigene Musikstücke zu komponieren ist für sie so selbstverständlich wie für andere Kinder das Lesen und Schreiben.

Johann Sebastian stellt mit seiner Begabung alle aus der Familie in den Schatten. Mit acht Jahren spielt er bereits Flöte, Geige und Klavier. Dazu kommt bald das Orgelspiel.
Jeden Sonntag singt er im Kirchenchor mit. In der Woche wird mehrmals geprobt.

In der Schule lernt Johann Sebastian schnell, aber er versäumt auch viele Schulstunden wegen der vielen Chorproben und Aufführungen, an denen er mitwirkt.

Als er neun ist, stirbt seine Mutter, kurz darauf der Vater. Johann Sebastian zieht zu seinem Bruder Johann Christoph Bach nach Ohrdruf, nicht weit von Eisenach entfernt.

Von seinem Bruder bekommt er Unterricht in Klavier, Orgel, Violine, Bratsche und Komponieren. Er besucht das Gymnasium in Ohrdruf.

Zudem muss Johann Sebastian zum Lebensunterhalt beitragen, denn in der Familie des Bruders ist das Geld knapp. Johann Sebastian verdient Geld als Chorsänger.

Mit 15 Jahren hört Bach von einer Schule, in der die Kinder armer Leute kostenlos Unterkunft und Ausbildung erhalten, wenn sie gute Sänger sind und im Kirchenchor mitsingen. Es ist die Klosterschule Sankt Michaelis in Lüneburg.
Zu Fuß und ohne Geld wandert Johann Sebastian mehr als 300 Kilometer nach Lüneburg. Er wird Chorsänger und Musiker an der Klosterkirche Sankt Michaelis. An der Schule des Klosters erhält er eine gründliche Ausbildung.

Mit 17 verlässt Bach die Michaelisschule und geht zurück in seine Heimat Thüringen, nach Arnstadt bei Eisenach. Dort wird gerade eine Organistenstelle frei. Aber die Orgel ist noch im Bau. Fast zwei Jahre soll es noch dauern, bis sie fertig ist. Bach muss sich für die Zwischenzeit nach einer anderen Arbeit umsehen.

Am Hof des Prinzen Ernst Johann von Weimar findet er in der Hofkapelle eine Anstellung als Geiger und Bratscher.

Als die Orgel in Arnstadt fertig ist, geht der 18-Jährige Johann Sebastian wieder zum Probespiel. Er spielt so hervorragend auf der neuen Orgel, dass der Kirchenrat ihn sofort einstellt und ihm ein sehr gutes Gehalt zahlt.
Aber die Chorsänger und Orchestermusiker in Arnstadt sind nicht so gut, wie Bach sich das vorstellt. Oft sind sie unpünktlich und dann singen sie auch noch falsch. Bach ärgert sich und wird grob. Einen nachlässigen Bläser beschimpft er während der Proben laut als „Zippelfagottisten“. Der lauert ihm nachts auf und will ihn verprügeln. Bach zieht seinen Degen und zerfetzt dem anderen die Kleider.

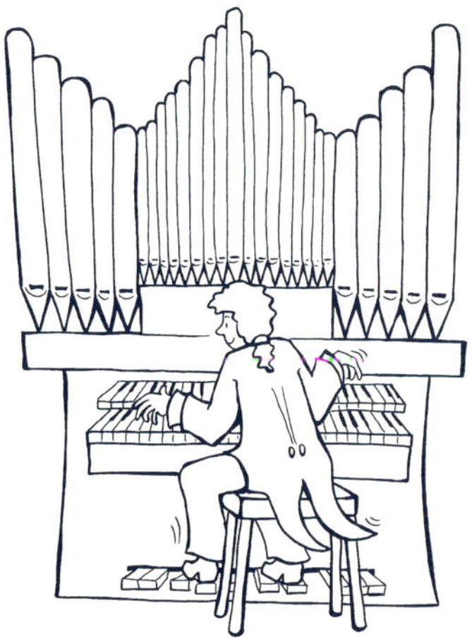

1 Kürschner = Handwerker, der aus Tierhäuten und Tierfellen Kleidungsstücke herstellt.
2 Die Ratsherren verwaltung und regieren das Leben in der Stadt.
3 Der Kantor (von lateinisch „cantare“ = „singen“) spielt die Orgel und leitet den Kirchenchor.

# Johann Sebastian Bach – sein Leben im Überblick



In Lübeck lebt der berühmte Organist Dietrich Buxtehude. Bach will ihn spielen hören und von ihm lernen. Der Kirchenrat gibt ihm vier Wochen Urlaub für diese Reise. Aber Bach lässt vier lange Monate nichts von sich hören. Erst dann kommt er zurück nach Arnstadt. Der Kirchenrat ist empört. Ständig kommt es jetzt zu Streitereien. Schließlich verlässt Bach Arnstadt und zieht weiter.

Zuerst wird er Organist an der Kirche Sankt Blasien in Mühlhausen, dann für fast 10 Jahre Hoforganist bei Herzog Wilhelm Ernst in Weimar.

Er heiratet seine Kusine Maria Barbara Bach und bekommt mit ihr zwei Töchter und sieben Söhne, von denen fünf später selbst berühmte Musiker werden. Aber auch in Weimar gibt es Streit. Bach will weg. Er nimmt eine neue Stelle beim Fürsten Leopold in Köthen an. Seinen bisherigen Arbeitgeber, den Herzog in Weimar, hat er nicht um Entlassung gebeten. Der ist darüber so wütend, dass er Bach einen Monat einsperren lässt. Danach, als Hofkapellmeister in Köthen und Freund des Fürsten Leopold, erlebt Bach seine glücklichste Zeit. Aber ganz plötzlich stirbt seine Frau Maria Barbara. Bach zieht sich aus dem Leben zurück. Lange Zeit sieht man ihn nicht am Fürstenhof in Köthen.

Nach einem Jahr taucht er wieder auf und heiratet auch wieder, seine zweite Frau, Anna Magdalena Wilcken. Das berühmte „Notenbüchlein für Anna Magdalena Bach" schreibt er für sie.

Nach den langen Jahren als Hofmusiker hat Bach Sehnsucht, wieder Kirchenmusik zu machen. Er verlässt Köthen und geht nach Leipzig. Er wird Kantor an der Thomaskirche. Fast dreißig Jahre bleibt Bach in diesem Amt in Leipzig. Auch hier gibt es wieder Streitigkeiten: Bach beklagt die schlechte Ausbildung der Sänger und Instrumentalisten, die Bockigkeit seiner Chorschüler und fehlendes Geld für Kirchenaufführungen und neue Instrumente. Der Kirchenrat lehnt Bachs Forderungen und Verbesserungsvorschläge ab.

Während der Zeit in Leipzig sterben 8 von den 13 Kindern Anna Magdalenas, eines wird schwachsinnig.

Bach will Leipzig verlassen. Er fährt nach Berlin. Sein Sohn Carl Philipp Emanuel ist dort Cembalist bei König Friedrich dem Großen. Vielleicht gibt es ja auch für ihn eine passende Stelle? Aber vergebens. Bach kehrt nach Leipzig zurück und arbeitet weiter als Kantor der Thomaskirche.

Noch einmal, drei Jahre vor seinem Tod, reist Bach nach Berlin. Der König will ihn hören und lädt ihn nach Potsdam ein. Bach spielt dem König vor. Der König ist tief beeindruckt von Bachs Meisterschaft. Aber eine Stelle gibt er ihm nicht.

In seinem letzten Lebensjahr erleidet Bach einen Schlaganfall und wird blind. Mit geschlossenen Augen diktiert er die Noten für sein letztes Werk, die „Kunst der Fuge". Er kann es nicht mehr vollenden.

Am 28. Juli 1750 stirbt Johann Sebastian Bach.

## Z 2 Johann Sebastian Bach – Lebenslauf-Puzzle

Schreibe die Sätze in der richtigen Reihenfolge ab.
Die Buchstaben in der richtigen Reihenfolge ergeben einen Begriff aus Bachs Leben.

**A** Zu Fuß und ohne Geld wandert Sebastian 300 Kilometer weit von Eisenach nach Lüneburg, weil dort Kinder armer Leute eine kostenlose Ausbildung erhalten.

**R** Bach bekommt Streit mit dem Herzog von Weimar. Er nimmt ohne Erlaubnis des Herzogs eine neue Stelle an. Zur Strafe wird Bach einen Monat lang eingesperrt.

**T** Am 21. März 1685 kommt Johann Sebastian Bach in Eisenach in Thüringen zur Welt.

**H** Mit 8 Jahren spielt Johann Sebastian bereits Flöte, Geige und Klavier.

**S** Mit 18 Jahren bewirbt sich Johann Sebastian Bach um seine erste Stelle als Kirchenorganist in Arnstadt. Er spielt so hervorragend, dass er auf der Stelle angenommen wird und eine sehr gute Bezahlung erhält.

**E** Am 28. Juli 1750 stirbt Johann Sebastian Bach.

**O** Als Bach neun Jahre alt ist, sterben kurz hintereinander seine Mutter und sein Vater.

**K** Der Organist Bach ist rasch verärgert über schlechte und unpünktliche Chorsänger und Musiker. In Arnstadt prügelt er sich nachts auf der Straße mit einem seiner Bläser und zerfetzt ihm mit dem Degen die Kleider.

**I** Bach bekommt vier Wochen Urlaub, um nach Lübeck zu reisen und den berühmten Orgelmeister Dietrich Buxtehude zu hören. Aber erst nach vier Monaten kommt er wieder zurück.

**M** Nach dem Tod seiner Eltern lebt der neunjährige Johann Sebastian bei seinem älteren Bruder Johann Christoph. In der Familie ist das Geld knapp. Johann Sebastian muss als Chorsänger arbeiten und dazuverdienen.

**H** Nach einem Schlaganfall wird Johann Sebastian Bach blind.

**C** Bach ist fast dreißig Jahre lang Thomaskantor und Kirchenmusikdirektor in Leipzig.

**Lösungswort:**

| | | | | | | | | | | | |
|---|---|---|---|---|---|---|---|---|---|---|---|
| | | | | | | | | | | | |

# Johann Sebastian Bachs Lebensstationen

Bachs Geburtsstadt Eisenach liegt in Thüringen. In dieser Gegend findest du alle Lebensstationen aus der Kindheit und Jugend Bachs, mit einer Ausnahme: Zwei Jahre lang ist er in der Stadt Lüneburg (im heutigen Niedersachsen) zur Schule gegangen.

Wenn du im Atlas nachsiehst, entdeckst du, dass Thüringen fast genau in der Mitte Deutschlands liegt. In den angrenzenden Ländern Sachsen und Sachsen-Anhalt hat Bach als Hoforganist und Kirchenkantor gearbeitet.

Selten hat Bach in seinem Leben diesen Lebensraum verlassen. Mehrere Male hat er berühmte norddeutsche Orgelspieler besucht: Dietrich Buxtehude in Lübeck und Johann Adam Reinken in Hamburg zum Beispiel. Zweimal war er zu Besuch beim preußischen König Friedrich dem Großen.

**Lebensstationen**

① Im Jahr 1685 wird Johann Sebastian Bach in Eisenach geboren. Hier lebt er 9 Jahre, bis zum Tod seiner Eltern.

② Bach kommt nach Ohrdruf, zu seinem Bruder Johann Christoph. 5 Jahre lebt er in dessen Familie.

③ Sebastian geht auf die dreihundert Kilometer entfernte Schule Sankt Michaelis in Lüneburg.

④ In Hamburg besucht Sebastian die berühmten Orgelspieler Johann Adam Reinken und Vincent Lübeck.

⑤ Für ein Jahr arbeitet Sebastian als Geiger, Organist und Violinist am Hof des Prinzen Johann Ernst in Weimar.

⑥ In Arnstadt bekommt Bach seine erste Stelle als Kirchenorganist.

⑦ Vier Monate lang ist Bach in Lübeck und besucht dort den berühmten Orgelspieler Dietrich Buxtehude.

⑧ Ein Jahr lang arbeitet Bach als Kirchenorganist in der Stadt Mühlhausen.

⑨ In der Stadt Köthen wird Bach Hofkapellmeister beim Fürsten Leopold. Hier bleibt er gut 5 Jahre lang.

⑩ In Leipzig wird Bach Organist an der Thomaskirche. Fast 30 Jahre lang bleibt Bach dort.

⑪ Bach hat Streitigkeiten mit dem Kirchenrat in Leipzig. Er sucht Friedrich den Großen in Berlin auf. An dessen Hof hätte er gern eine Stelle.

⑫ Bach besucht den König ein zweites Mal, diesmal in Potsdam. Auch diesmal bietet der König ihm keine Stelle an.

⑬ In Leipzig wird Bach 1750 im Alter von 65 Jahren begraben.

# Z 4 Johann Sebastian Bachs Lebensstationen als Karte

Informiere dich über Bachs Lebensstationen: Z 3.
Trag auf der Karte die Zahlen und die Namen der Städte aus Bachs Lebensstationen ein.
Nimm für diese Arbeit einen Atlas oder eine große Wandkarte zur Hilfe.

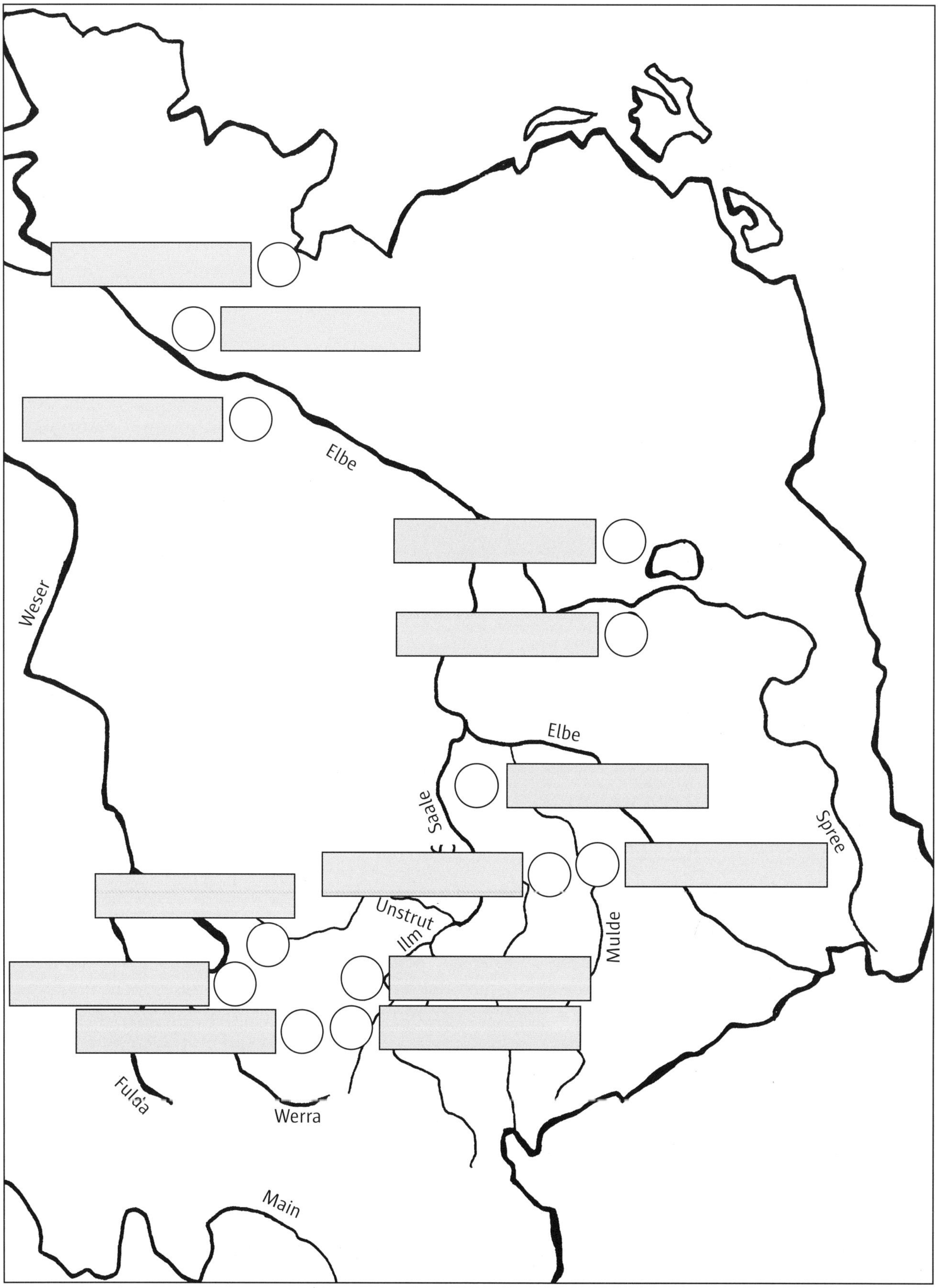

# Das Leben in der Stadt Eisenach im Jahr 1693

**Eisenach**, eine Stadt in Thüringen. Wie alle Städte der damaligen Zeit ist auch Eisenach von einer schützenden **Stadtmauer** umgeben. In Kriegszeiten bietet die Mauer Schutz vor feindlichen Angriffen. In Friedenszeiten hält sie Diebe und fremde Bettler aus der Stadt fern. Denn wer als Fremder die Stadt betreten will, muss an einem der Stadttore dem Torwächter Auskunft über den Grund für seinen Besuch geben: Wer ist er? Woher kommt er? Was hat er zu tun in der Stadt?

In der Mitte Eisenachs liegt der **Marktplatz** mit dem **Rathaus** und den prächtigen Fachwerkhäusern rundherum. Zur Stadtmauer hin werden die Häuser einfacher, kleiner, die Gassen schmaler.

Eisenach ist eine **moderne Stadt**. Seit ein paar Jahren gibt es einen Buchdrucker und demnächst – im Jahr 1700 ist es soweit – soll es sogar ein Postamt geben.
Und Eisenach ist eine **musikalische Stadt**. Die Hauptkirche St. Georg besitzt eine Orgel, auf der an allen Sonntagen und Feiertagen musiziert wird. Auf Stadtfesten spielt das städtische Orchester mit seinen Stadtmusikanten. Johann Sebastians Vater Ambrosius ist einer von ihnen.

**Im Jahr 1693** – Johann Sebastian Bach ist gerade 8 Jahre alt – besteht die Stadt aus etwa 800 Häusern, in denen 6000 Menschen leben.
In der **Fleischgasse Nr. 35** wohnt Sebastian, zusammen mit den Eltern, Ambrosius und Elisabeth Bach, und seinen Geschwistern. Der Verdienst des Vaters reicht gerade, um die Familie durchzubringen. Manchmal ist selbst das Essen knapp. Da ist es nur gut, dass Sebastian mit seiner wunderschönen Stimme als Chorsänger etwas dazu verdient.

Im Unterschied zu uns heute versorgen sich die Menschen damals mit vielen Dingen selbst. Auch in der Stadt haben die meisten einen Garten mit Obst und Gemüse, einen Stall mit Hühnern, Kaninchen oder auch ein Schwein, das mit Küchenabfällen gemästet wird. Kleider und Hosen werden immer wieder geflickt, Neues wird – wenn das Geld knapp ist – selbst geschneidert, Schuhe werden selbst neu besohlt.

Sebastian besucht die **Klosterschule** des Eisenacher Dominikanerklosters. Hier bekommt er Katechismusunterricht, lernt biblische Geschichte auf Deutsch und Lateinisch, lernt das Lesen, Schreiben und Rechnen.

Aber die Hauptrolle in seinem Leben spielt die Musik. Vom Vater bekommt er Unterricht auf der Violine. Und da der Vater als **Stadtmusiker** auch neue Musiklehrlinge ausbildet, sind im Hause der Bachs von früh bis spät Trompeten und Pfeifen, Trommeln, Flöten und Geigen zu hören.
Der Onkel Johann Christoph ist Organist in der **St.-Georgen-Kirche** und sicherlich hat Sebastian oft neben ihm auf der Orgelbank gesessen, Register gezogen, Notenblätter gewendet und schon früh seine Liebe zu diesem Instrument entdeckt.

Wir haben **zwei Tage im Leben des achtjährigen Sebastian** festgehalten, einen Wochentag und einen Sonntag.
Es gibt kein Tagebuch von Bach, in dem Beschreibungen solcher Tage aufgezeichnet sind.
Wir haben gesammelt, wie die Menschen damals gelebt haben:
Wann sind sie aufgestanden?
Was haben sie gegessen?
Was gab es Besonderes in ihrem Leben?

Bei den Bachs war die Musik das Besondere.
Alle in der Familie machten Musik!
Und die Mutter hat den Kindern gern Geschichten erzählt.

Aus all dem haben wir **zwei Tagesabläufe** zusammengestellt (Z 6 und Z 7), wie sie der kleine Sebastian ab und an erlebt hat.
Wenn du Sebastians und dein Leben vergleichst, wird dir auffallen, wie verschieden von der damaligen Zeit wir heute leben.

# Ein Freitag in Sebastians Leben – und in deinem

| Sebastians Freitag im Jahr 1693 | | Ein Freitag aus deinem Leben | |
|---|---|---|---|
| **Wann?** | **Was?** | **Wann?** | **Was?** |
| Die Hähne krähen, im Sommer etwa um 5 Uhr | Sebastian (8 Jahre) steht auf. | | |
| 5.15 Uhr | Sebastian frühstückt. Es gibt Hirsebrei, einen Kanten Roggenbrot, Milch. | | |
| 5.30 Uhr | Sebastian geht zur Schule. | | |
| 6 Uhr bis 9 Uhr | Er hat Unterricht in den Fächern Latein, Religion, Lesen, Schreiben, Rechnen, Musik. | | |
| 9.30 Uhr bis 11 Uhr | Sebastian hilft der Mutter im Garten. | | |
| 11 Uhr bis 12 Uhr | Sebastian schleicht sich ins Wohnzimmer. Er spielt und übt auf dem Klavier. | | |
| 12 Uhr | Sebastian isst mit den Eltern und seinen Geschwistern zu Mittag: Gemüsesuppe, einen Kanten Brot, dazu Obstsaft. | | |
| 13 Uhr bis 15 Uhr | Sebastian geht noch einmal zur Schule. | | |
| bis 16 Uhr | Sebastian macht Hausarbeiten. Er muss das Lied *Befiehl du deine Wege* aus dem Gesangbuch auswendig lernen. | | |
| 16 Uhr | Der Vater Ambrosius gibt Sebastian Unterricht auf der Violine. | | |
| 17 Uhr | Sebastian besucht seinen Onkel in der Georgskirche. Der ist dort Organist und renoviert gerade die Orgel. Sebastian schaut ihm dabei zu. | | |
| 18 Uhr | Es gibt Abendbrot: Hirsebrei, Käse, Brot, dazu einen Saft. | | |
| Am Abend | Die Mutter erzählt den Kindern Geschichten, biblische Geschichten, Sagen, Märchen. Gemeinsam sprechen sie das Abendgebet. | | |
| | Sebastian geht zu Bett, sobald es dunkel ist. Elektrisches Licht gibt es nicht, Kerzen sind sehr teuer. | | |

# Ein Sonntag in Sebastians Leben – und in deinem

**Z 7**

| Sebastians Sonntag im Jahr 1693 | | Ein Sonntag aus deinem Leben | |
|---|---|---|---|
| **Wann?** | **Was?** | **Wann?** | **Was?** |
| Die Hähne krähen, im Sommer etwa um 5 Uhr | Sebastian (8 Jahre) steht auf und frühstückt. | | |
| 5.30 Uhr | Sebastian macht sich auf den Weg zur Kirche. | | |
| 6 Uhr | Sebastian singt im Kirchenchor mit. Die Chorkinder singen sich ein und proben. | | |
| 7 Uhr | Die Kirche ist voller Menschen. Der Pfarrer liest aus der Bibel. Der Chor singt mehrstimmige Lieder. | | |
| 8 Uhr bis 9 Uhr | Der Pfarrer hält eine Predigt über die Geschichte vom armen Samariter. | | |
| 9 Uhr bis 11.30 Uhr | Alle Menschen in der Kirche nehmen das Abendmahl ein. Der Chor singt ein mehrstimmiges Lied. Die Gemeinde singt Lieder aus dem Gesangbuch, begleitet von der Orgel. | | |
| 12 Uhr | Sebastian isst mit seiner Familie zu Mittag. Es gibt Gemüsesuppe mit Rindfleisch, danach Obstkuchen und Saft. | | |
| 14 Uhr bis 17 Uhr | Sebastian singt wieder mit dem Chor im Gottesdienst. Zwischen den Liedern predigt der Pfarrer. | | |
| 18 Uhr | Sebastian isst mit seiner Familie zu Abend. Danach spielt er eine Weile mit anderen Jungen auf der Straße. | | |
| Am Abend | Die Familie Bach macht gemeinsam Musik. Der Vater spielt Violine, der Bruder Christoph sitzt am Klavier, Sebastian spielt Bratsche, die Mutter singt dazu. | | |
| | Die Kinder gehen zu Bett. Die Mutter erzählt ihnen noch Geschichten und spricht mit ihnen das Abendgebet. | | |

# Z 8 Nachts! Heimlich! Verboten! – Johann Sebastian und die Liebe zur Musik

Johann Sebastian Bach war acht Jahre alt, da starb seine Mutter. Der Vater, Johann Ambrosius, heiratete ein halbes Jahr später wieder. Aber das neue Familienleben dauerte nur 3 Monate. Dann starb Ambrosius Bach. Fünfzig Jahre alt war er. Innerhalb eines Dreivierteljahres hatte Sebastian Mutter und Vater verloren.

Die Stiefmutter schickte Sebastian zu seinem dreiundzwanzigjährigen Bruder Johann Christoph. Der war seit langem aus dem Haus. Er lebte in Ohrdruf, nicht weit entfernt von Eisenach, und war dort Organist. Sebastian verbrachte die nächsten 5 Jahre seines Lebens in Ohrdruf.

Johann Christoph hatte viel Freude an seinem kleinen Bruder Sebastian. Mehrmals in der Woche gab er ihm Unterricht im Klavierspielen. Wie rasch der Zehnjährige die Musik aufnahm. Kaum hatte er ihm ein Stück vorgespielt und ihm zum Üben aufgegeben, da spielte Sebastian es schon fehlerfrei nach.

„Wie schnell du lernst!", lobte Christoph den Jüngeren. Der schaute ihn an. „Da ist doch nichts dabei, Christoph. Wo doch die Tasten so ordentlich nebeneinander liegen und die Noten einem sagen, was man spielen muss. Etwas wirklich Schwieriges möchte ich einmal spielen!"

Während Sebastian das sagte, schaute er sehnsüchtig hinüber zu dem vergitterten Schrank, in dem die Notensammlung seines Bruders eingeschlossen war.
Aber auch heute bekam Sebastian die Antwort, die ihm sein Bruder schon oft gegeben hatte: „Nein, Sebastian, diese Musik ist noch nichts für einen Jungen in deinem Alter. Vielleicht, wenn du einmal größer bist. Bis dahin übe fleißig weiter."

Aber Sebastian wollte nicht länger warten. Und er hatte längst einen Plan.
Zehnmal schlugen die Glocken von der Kirche herüber. Im Haus war längst alles still. Der Bruder und seine Frau schliefen fest. Leise stand Sebastian aus dem Bett auf. Vorsichtig öffnete er die Tür seiner kleinen Schlafstube. Dann ging er langsam, Schritt für Schritt, die Treppe ins Erdgeschoss hinunter. Einige der Holzstufen knarrten. In der Stille hörte sich das an, als müsste der Bruder davon sofort wach werden.

Aber nichts rührte sich. Erleichtert tastete Sebastian sich den dunklen Flur entlang und öffnete behutsam die Tür zum Musikzimmer. Die Lampe anzuzünden traute er sich nicht. Aber im Zimmer war es hell genug, denn der Mond schien durchs Fenster.

Dann stand Sebastian vor dem Notenschrank seines Bruders. Der Schrank war abgeschlossen, der Schlüssel fehlte. Sebastian versuchte, seine Hand durch das Gitter zu zwängen, einmal, zweimal, ohne Erfolg. Der Abstand zwischen den Stäben war zu schmal. Er versuchte es noch einmal. Seine Hand war schon ganz weiß, wie abgestorben von der Anstrengung. Aber diesmal gelang es!

Mit unsicheren, zitternden Fingern umfasste er ein dickes Notenheft des Bruders, rollte es mühsam zusammen und zog es heraus. Und dann endlich lag der lang ersehnte Schatz vor ihm.

Sebastian rieb sich das schmerzende Handgelenk. Einen Moment lang hatte er ein schlechtes Gewissen. Dann schüttelte er den Kopf. Der Bruder hatte doch selbst Schuld, wenn er ihm immer nur diese langweiligen Übungen auf dem Klavier gab. Der Vater hätte ihn verstanden. Der war immer stolz gewesen, wenn Sebastian sich auf der Geige an schwierige Noten herangewagt hatte.

Sebastian setzte sich ans Schreibpult, tauchte die Gänsefeder ins Tintenfass und schrieb das erste Notenblatt ab. Das Kratzen der Feder hörte sich unheimlich an. Und es war viel zu laut. Mehrmals hielt er still und lauschte. Aber nichts rührte sich im Haus.

# Nachts! Heimlich! Verboten! – Johann Sebastian und die Liebe zur Musik

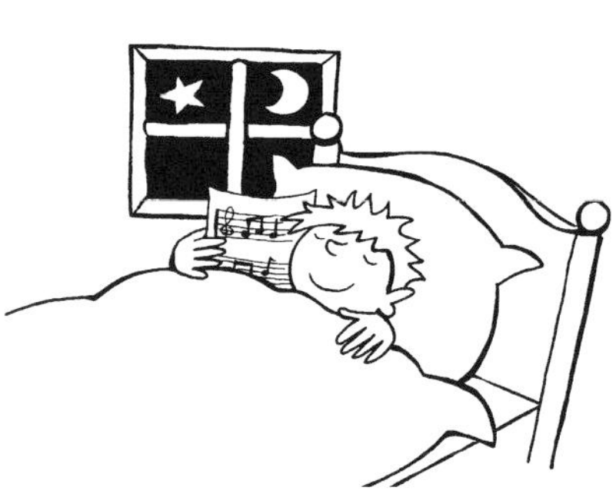

Draußen dämmerte es allmählich. Sebastian schob das Notenheft in den Schrank zurück, versteckte die abgeschriebenen Seiten unter seinem Nachthemd und schlich in seine Stube zurück. Beinah auf der Stelle schlief er ein. Ein zufriedenes Lächeln lag auf seinem Gesicht.

In jeder hellen Mondnacht schlich Sebastian nun ins Musikzimmer und schrieb Notenblatt für Notenblatt ab. Tagsüber, wenn der Bruder in der Kirche auf der Orgel musizierte, holte er die Noten aus dem Versteck, prägte sich die Musik ein und spielte sie auf dem Klavier nach.

Eines Tages hätte Sebastian sich dabei beinahe verraten. Gerade spielte er eine der verbotenen Melodien aus dem Kopf nach, da betrat sein Bruder das Haus, früher als sonst. Er stürzte ins Musikzimmer. „Was spielst du da?“, fuhr er den Bruder an. „Woher hast du die Melodie?“

Zum Glück fiel Sebastian sofort eine Ausrede ein: „Aber das hat mir der Herr Bruder doch kürzlich einmal vorgespielt und seitdem geht es mir im Kopf herum.“

Johann Christoph schaute den Jüngeren ein wenig misstrauisch an. Sein Blick wanderte zum Notenschrank. Da lag das verbotene Notenbuch, sicher verschlossen. Und er hatte den kleinen Bruder schon verdächtigt ...
Da hatte er ihm wohl Unrecht getan.

Heute war die letzte Nacht. Nur noch einmal – und er hatte es geschafft. Dann war das gesamte Notenbuch abgeschrieben. Geduldig schrieb Sebastian Zeile für Zeile der letzten Seiten ab. So vertieft war er in die Arbeit, dass er kaum merkte, dass es später war als sonst. Der Morgen war schon angebrochen, und auf einmal stand der Bruder neben ihm.

Sebastian wollte sich verteidigen, dem Bruder erklären, warum ...
Aber er brachte keinen Ton heraus, so wütend schaute Johann Christoph ihn an. Der nahm das Notenheft und verschloss es weit hinten im Schrank. So würde Sebastian sicherlich nicht mehr herankommen. Und seine Abschriften nahm er ihm ab. „Das war nicht Recht, was du getan hast!“, sagte er und ging aus dem Zimmer.

In den nächsten Wochen sprachen die Brüder nur das Notwendigste miteinander. Kein freundliches Wort gab es zwischen ihnen. Sebastian spielte wieder die für ihn so langweiligen Übungen, die ihm der Bruder aufgab. Aber zwischendrin gingen ihm Melodien aus dem Notenheft seines Bruders durch den Kopf. Er vermischte sie mit den Übungen, dachte sich Eigenes dazu. Immer mehr kamen ihm jetzt eigene Ideen. Wenn ihm etwas besonders gut gefiel, holte er sich Feder, Tinte und Papier und schrieb die Noten auf.

Eines Tages kam Johann Christoph nach Hause, als Sebastian noch übte. Wie angewurzelt blieb er im Flur stehen und hörte dem kleinen Bruder zu. Das waren doch nicht die Übungen, die er ihm aufgegeben hatte? Ob Sebastian etwa schon wieder ...

Wütend stürmte er ins Zimmer, aber das Notenbuch lag verschlossen hinten im Schrank. Sebastian schien ihn gar nicht zu bemerken. Mit geschlossenen Augen spielte er weiter.

Johann Christoph blieb stehen. Er war überrascht und hörte jetzt still dem kleinen Bruder zu. Was für eine wundervolle Melodie hatte der sich ausgedacht. Und wie sauber und gefühlvoll er spielte.
Mit geschlossenen Augen hörte Johann Christoph eine Weile zu, dann schritt er leise zum Musikschrank. Er schloss ihn auf, nahm das Notenbuch heraus und ging mit einem kleinen Lächeln auf Sebastian zu.

# Tanzen zur Zeit Bachs – das Menuett

**Menuett-Übung 2: Erste Schritte zu Musik**

Probiere dieses Schrittmuster für dich zu Menuett-Musik aus. Stell dich mit geschlossenen Beinen auf beide Füße. Hörst du den 3er-Takt: 1–2–3, 1–2–3?

**1. Takt**

① Beuge dein linkes Bein und ziehe den rechten Fuß, Zehen nach unten, ans linke Bein.
② Strecke dich links auf die Zehenspitzen und führe den linken Fuß nach vorne.
③ Stelle dich auf deinen rechten Fuß.

**2. Takt**

Dasselbe mit vertauschten Seiten:
① rechts beugen und linken Fuß heranziehen
② rechts auf Zehenspitzen strecken und linken Fuß vor
③ links landen

**Menuett-Übung 3: Der Paartanz**

Stellt euch paarweise in zwei Kreisen auf:
Ein Außenkreis-Kind steht jeweils einem Innenkreis-Kind gegenüber.
Geht etwa 4 kleine Schritte auseinander, damit ihr Platz für eure Schritte habt.

① Geht wie oben mit zwei Schritten aufeinander zu.
② Verbeugt euch voreinander.
③ Geht wieder zwei Schritten zurück in die Ausgangsstellung.
④ Verbeugt beugt euch zum Abschied voreinander.

⑤ Geht einen Schritt nach rechts und
⑥ führt das linke Bein an das rechte heran.
⑦ Jetzt steht ihr dem nächsten Kind gegenüber.
⑧ Verbeugt euch zur Begrüßung voreinander.

Dann geht es wieder mit ① los. Das Menuett wurde immer als Paartanz im Kreis oder anderen Figuren getanzt. Damit es nicht zu langweilig wurde, haben sich die Tänzerinnen und Tänzer viele neue, kunstvolle Schritte und Schrittfolgen ausgedacht.

Das könnt ihr auch tun: Entwerft euer eigenes Klassen-Menuett!

# Malen zu Musik



Musik spricht unsere Gefühle an.
Sie kann uns fröhlich stimmen oder traurig.
Sie wiegt uns in den Schlaf oder macht uns Lust,
zu ihrem Rhythmus durchs Zimmer zu tanzen.
Und Musik erzählt Geschichten,
malt Gedanken und Bilder in unserem Kopf.

**Male mit Wasserfarben und Pinsel zu Bachs Musik Formen und Farben!**

① Hör dir Johann Sebastian Bachs Orgelstück mit dem Titel Toccata an.

② Wie empfindest du die Musik?
- ▷ Welche Pinselbewegungen passen zur Musik?
- ▷ Runde, weiche Bewegungen?
- ▷ Eckige, scharfe Bewegungen?
- ▷ Was für Formen entstehen auf deinem Papier?
- ▷ Nimm ein Blatt und probiere es aus!

③ Wie empfindest du die Musik?
- ▷ Welche Farben passen zu ihr?
- ▷ Dunkle oder helle Farben?
- ▷ Schrille oder zurückhaltende Farben?
- ▷ Nimm ein Blatt. Probiere verschiedene Farben aus.

④ Hör dir die Toccata noch einmal an.

⑤ Male dein Bild zur Musik, mit deinen Formen und Farben.

⑥ Stell dein Bild im Stuhlkreis vor.
- ▷ Lass dir von den anderen erzählen, was sie auf deinem Bild sehen.
- ▷ Ist es das, was du gemalt hast?

**Toccata**

Die Toccata ist Musikstück Nr. 2 auf der CD *Die Geheimschrift im Kloster – ein Diebstahl für Johann Sebastian Bach.*
„Toccata“ ist übrigens ein italienisches Wort und bedeutet „anschlagen“ oder „berühren“.

# Da liegt Musik in der Luft!

**Kopiervorlagen und Unterrichtsideen für Ihren Musikunterricht**

**Bergedorfer®**

Waldkonzert

Heinz-Lothar Worm

## Singspiele für das 2.–4. Schuljahr

48 Kopiervorlagen Best.-Nr. **2199**

Kinder lieben es zu singen und Theater zu spielen. Warum also nicht beides im Unterricht verbinden? Von einfachen Lieddarstellungen bis hin zum „richtigen“ Theater mit Gesang finden Sie viele tolle Vorlagen und Anregungen für einen aktiven Musikunterricht, der Ihre Klasse begeistern wird!

Hiltraud Reckmann

## Die Sinne wecken

**mit dem Riesen Trau-mich-wohl**
**Lieder und Spiele zum Entdecken des Körpers und der Umwelt**
Mit Kopiervorlagen

100 Seiten, DIN A4, kartoniert
Best.-Nr. **3851**

**Playback-CD**
38 Lieder, Spieldauer ca. 35 Min.
Best.-Nr. **3852**

Riesenchancen für alle Kinder! Im Spiel und mit Spaß alle Sinne zu entfalten ist das Hauptanliegen dieses Bandes. Der Riese Trau-mich-wohl dient als positive Identifikationsfigur für die Körpererfahrung und das Entdecken der physischen und sozialen Umwelt. Er taucht in zahlreichen Spielen und Liedern auf. Die ideenreichen Spielangebote sind direkt an die Kinder gerichtet. Für Sonderschulen, Grundschulen, Vorklassen und Orientierungsstufen.

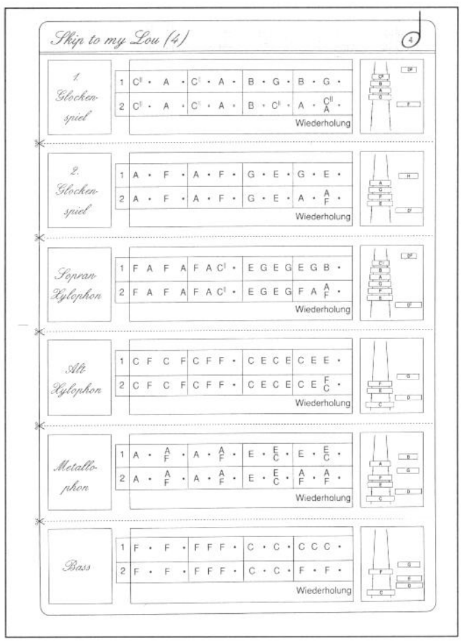

Skip to my Lou (2)

Günther Titze

## Leichtes Musizieren mit Orff-Instrumenten 4.–6. Schuljahr

49 Kopiervorlagen Best.-Nr. **2336**

„Musikmachen ohne lange theoretische Unterweisung“ – ein Zitat von Carl Orff – ist das Prinzip der vorliegenden Arrangements. Die Liedbegleitungen wollen Spaß an der Beschäftigung mit Musik wecken, das Musikmachen, nicht das Erlernen des Notensystems steht im Vordergrund. Für die elementare Musikerziehung von Kindern im Primar- und Sekundarbereich (auch Förderschule).

---

Persen **Bestellcoupon** Persen

Ja, bitte senden Sie mir/uns aus der Reihe „Bergedorfer® Kopiervorlagen“ mit Rechnung

____ Expl. **Singspiele für das 2.–4. Schuljahr** Best.-Nr. **2199**

____ Expl. **Die Sinne wecken – Buch** Best.-Nr. **3851**

____ Expl. **Die Sinne wecken – CD** Best.-Nr. **3852**

____ Expl. **Leichtes Musizieren mit Orff-Instrumenten 4.–6. Schuljahr** Best.-Nr. **2336**

☐ Ja, bitte schicken Sie mir kostenlos Ihren aktuellen Gesamtkatalog zu.

**Bestellen Sie bequem rund um die Uhr!**
**Telefon: 0 41 63/81 40 40**
**Fax: 0 41 63/81 40 50**

Bitte kopieren und einsenden an:


**Persen Verlag GmbH**
**Postfach 260**
**D-21637 Horneburg**


Meine Anschrift lautet:

*Name/Vorname* ______________________

*Straße* ______________________

*PLZ/Ort* ______________________

*Datum/Unterschrift* ______________________

*E-Mail* ______________________

# Musik erleben – Musik machen!

Edition MoPäd und Unterrichtsideen

Bergedorfer®

Dieter Rehm/Angelika Rehm/Kurt Hackenbruch

## Concerto 1

**Klassik für Kinder**
**Handlungsorientierte Materialien für den Musikunterricht in Primar- und Orientierungsstufe, mit Kopiervorlagen**
128 Seiten, DIN A4, kartoniert Best.-Nr. **3825**

**Begleit-CD** (ca. 60 Minuten Spieldauer)
Best.-Nr. **3826**

Ein toller Einstieg in die klassische Musik mit „Peter und der Wolf", dem „Karneval der Tiere" oder der „Zauberflöte" und vielen anderen Musikstücken! Mit zahlreichen Kopiervorlagen, die die Fantasie der Kinder anregen. Lebensläufe der Komponisten, Lesegeschichten sowie konkrete Unterrichtshinweise ergänzen die abwechslungsreichen Arbeitsblätter.

Dieter Rehm/Angelika Rehm/
Kurt Hackenbruch

## Concerto 2

**Klassik für Kinder**
**Handlungsorientierte Materialien für den Musikunterricht in Primar- und Orientierungsstufe mit Kopiervorlagen**
148 Seiten, DIN A4, kartoniert
Best.-Nr. **3827**

**Begleit-CD**
**(ca. 65 Minuten Spieldauer)**
Best.-Nr. **3828**

Schüler/-innen pfeifen auf dem Nachhauseweg Gershwins „Summertime" oder begeistern sich für Smetanas „Moldau"? Das ist bald kein Wunschtraum mehr, sondern Realität! Wie schon im Bestseller „Concerto 1" gelingt es den Autoren auch im Folgeband wieder über abwechslungsreiche und motivierende Aufgabenblätter, kindgerechte Spielsätze und Hintergrundinformationen Kinder und Jugendliche für klassische Musik zu begeistern.

**Folgende Musikstücke werden vorgestellt:**

B. Smetana: Die Moldau, G. Mahler: 1. Sinfonie – 3. Satz, M. Mussorgski: Bilder einer Ausstellung, C. M. v. Weber: Der Freischütz, G. Gershwin: Rhapsody in Blue und Porgy and Bess.

Lutz Gümbel/Jochen Hering

## Anders als die andern – Der Fall Tschaikowsky

**Hör-CD** Best.-Nr. **9891**

Der 13-jährige Matthias ist spurlos verschwunden. Sein Vater beauftragt ein Detektivbüro mit der Suche. Bei einem Hausbesuch machen die Detektive im Zimmer des Jungen aufschlussreiche Entdeckungen: Das Tagebuch Tschaikowskys liegt aufgeschlagen auf dem Bett. Im CD-Player liegt noch Matthias' Lieblings-CD von Tschaikowsky. Ist etwa der russische Komponist in den Fall verwickelt? Musik und Leben Tschaikowskys bringen die Detektive auf die richtige Spur – ein **Krimi in Dur und Moll**.
Nach dem Hörspiel folgt eine Auswahl von Musikstücken des Krimis in voller Länge.

Lutz Gümbel/Jochen Hering

## Anders als die andern – Der Fall Tschaikowsky Das Begleitheft zum Hörspiel

Heft, schwarz-weiß, DIN A4, 3. bis 6. Schuljahr Best.-Nr. **M003**

Tschaikowsky zum Anfassen!
Hier erfahren Sie am Beispiel Tschaikowskys konkret, wie Sie die Begegnung mit einem Komponisten im Unterricht ansprechend und eindrucksvoll vorbereiten und gestalten können:

- Malen und Tanzen zur Musik
- Geschichten
- Szenische Spiele
- Erfinden eigener Programmmusik mit einfachen Instrumenten
- Fotogalerie

## Bestellcoupon

Persen

Ja, bitte senden Sie mir/uns mit Rechnung

____ Expl. **Concerto 1 – Buch** Best.-Nr. **3825**
____ Expl. **Concerto 1 – CD** Best.-Nr. **3826**
____ Expl. **Concerto 2 – Buch** Best.-Nr. **3827**
____ Expl. **Concerto 2 – CD** Best.-Nr. **3828**
____ Expl. **Anders als die andern – Der Fall Tschaikowsky, Hör-CD** Best.-Nr. **9891**
____ Expl. **Anders als die andern – Der Fall Tschaikowsky, Das Begleitheft zum Hörspiel** Best.-Nr. **M003**

**Bestellen Sie bequem rund um die Uhr!**
**Telefon: 0 41 63/81 40 40**
**Fax: 0 41 63/81 40 50**

Bitte kopieren und einsenden an:

**Persen Verlag GmbH**
**Postfach 260**
**D-21637 Horneburg**

Meine Anschrift lautet:

_Name/Vorname_

_Straße_

_PLZ/Ort_

_Datum/Unterschrift_

_E-Mail_